永不磨灭的记忆

——向共和国老战士致敬

何丽◎著

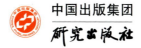

中国出版集团

研究出版社

图书在版编目 (CIP) 数据

永不磨灭的记忆：向共和国老战士致敬 / 何丽著
. -- 北京：研究出版社，2019.8
ISBN 978-7-5199-0546-0

Ⅰ.①永… Ⅱ.①何… Ⅲ.①军事人物—生平事迹—
中国—现代 Ⅳ.① K825.2

中国版本图书馆 CIP 数据核字 (2018) 第 275030 号

出 品 人：赵卜慧
图书策划：刘春雨
责任编辑：刘春雨

永不磨灭的记忆：向共和国老战士致敬

作　　者　何丽　著
出版发行　研究出版社
地　　址　北京市朝阳区安定门外安华里 504 号 A 座（100011）
电　　话　010-64217619　　64217612（发行中心）
网　　址　www.yanjiuchubanshe.com
经　　销　新华书店
印　　刷　北京印匠彩色印刷有限公司
版　　次　2019 年 8 月第 1 版　　2019 年 8 月第 1 次印刷
开　　本　710 毫米 ×1000 毫米　1/16
印　　张　20.5
字　　数　213 千字
书　　号　ISBN 978-7-5199-0546-0
定　　价　58.00 元

在我的父母——一对红军老战士百年诞辰之际，在新中国成立 70 周年之际，编写本书既是对父母最深切的缅怀，也是向共和国老战士致以最真诚的敬意！

走过的是岁月
坚守的是初心
永葆的是本色
传承的是精神

向共和国老战士致敬

战士精神比天高、比地大、比海深

我是抱病在与生命和时间的赛跑中，完成了本书编写的。由于希望赶在一个节点出版，所以我给了自己很大压力。这本不是一个在不到一年时间里，因突发急性心衰、突发血压暴高等急症，3 次被"120"拉到医院抢救后，在家闭门谢客的人应该做的。但因为这是我自己心的承诺，所以一定要在医生指导下维持好心脏的代偿功能，以自己的自信、坚强和乐观，来完成这一承诺。

为什么？这是一个怎样的承诺？

其一，"战士"这个词和称谓，在我心中是非常神圣的。向老战士致敬、感恩，始终是我心中一份很浓重的情感。这源于我的老战士父母在延安荣誉军人学校生育了我。父母的言行对我潜移默化的教育与影响，荣校那些伤残的叔叔阿姨们身上的红军战士的精神与品质对我的教育与影响，成为我人生的巨大动力。即使是在人生的低谷、在危险与艰难困苦和多次因病急救的时刻，我都心里镇静，从不慌乱，从未有过恐惧感。当被救治过来的那一刻，首先比个胜利的手势拍下我活着的佐证。

既然阎王爷不欢迎，我就积极配合治疗，出院后如春风化雨，精神依旧，心情依旧，该干嘛干嘛。这样，一桩桩、一件件了却自己内心的愿望，本书的编写出版，就是一个必须在2019年完成的心的承诺。

其二，2018年是我的老战士父母百年诞辰。他们同年同庚，只是父亲比母亲早走了整整48年。在母亲2011年6月突然病逝后，我的心里就一直酝酿着敬献两位老人百年诞辰的礼物，以表达对父母的无限怀念、敬仰与感恩之情；同时告慰父母，我将自己对他们生前的孝顺，将他们用心血亲手建起的家风传承给我们的子孙后代。

其三，我吃荣校红军妈妈们的奶水和百家饭长大，他们对我的哺育、影响、恩泽，是我永生永世感恩不尽的。向革命老战士致敬，绝对不能落下荣校老前辈。因为，可以说延安荣誉军人学校的伤残荣军前辈，也是哺育、影响我成长的父母，我有责任与义务传承革命精神。

其四，我的老伴丁毅同志是位参加过抗美援朝的老战士，今年已84岁。因我生病及一次次抢救，让他受到了惊吓，给他增添了很大的心理和精神压力。但他了解我、懂我，对我的生命力坚信不疑。所以，全力照顾我的同时还鼓励我、支持我，帮我实现我心的承诺。谢谢了，老伴儿！

其五，我的弟弟妹妹与我同心：怀念、致敬、感恩老战士父母，决心将我们的家风继承发扬下去。

父母先后离世后，弟弟妹妹很在乎我，因为有大姐在就有家在。平时随意来来往往，逢年过节聚会在一起热热闹闹，大家尽可享受浓浓的亲情和家的味道。大家都非常顾及我的身体情况，我又何尝不是如此呢！我清楚，没有家人的鼎力支持、相助和鼓励，是不可能完成我心的承诺的。所以我牢牢地记着，我的弟弟妹妹何炜、春忠、燕生、新生，以及因病不幸猝然离世的弟弟小平，他们的一张图片制作、一个建议、一个电话、几句语音、一个玉米饼、一盒炒豆豉、一碗面疙瘩，哪怕是一句埋怨，都是浓浓的亲情。我当大姐的心里充满温暖与感激：谢谢了，我的家人！谢谢了，我的弟弟妹妹们！

我的父母及他们这辈老战士，始终把自己看作没有花香没有树高的平凡小草；把自己比喻为小小的蜡烛，力图让自己这支小蜡烛亮些再亮些。而在他们内心坚守并一生为之奋力践行的战士精神，实际上比天高、比地大、比海深！我们既是这种精神的继承者，更是传承者，任重而道远。所以，在实现中华民族伟大复兴中国梦的新长征路上，尽管已经是耄耋之年，但担当与责任仍鼓舞着我们砥砺前行！

本书的编写，是通过父母这对老战士平凡而又不平凡的人生经历，通过我们亲历、收集、整理、书写、访谈、制作的相关文字、图片、史料等，展示他们那一辈老战士走过的岁月、坚定的信仰、坚守的初心的崇高思想品质和精神境界。这正是向我们的红军父母，向共和国老战士致敬、感恩的最好献礼！同时，也是对这几十年来，在我寻史路上所有助力者的敬意与感谢。

致敬词

　　本书应该有致敬词。但几次提笔，都因深感自己担当不了这份重任，而无法成文表达心中对共和国老战士的敬意与感恩之情。于是，我怀着非常真诚的心，邀请了32位老红军之后为本书题写一句向革命前辈致敬、感恩，或者对自己、对社会、对青少年有提示、警示、期盼的心里话。他们这些老红军之后——尽管他们的父辈功勋卓著、职位显赫、至高至尊，但他们的话语却没有半点让人觉得不舒服。相反，你会觉得亲切、平和甚至平常，但你又会从中感受到深刻的分量。所以我决定将这几十份题词作为本书的"致敬词"，敬献给共和国老战士，也包括我百年诞辰的老战士父母。这是老战士的后代们最真诚的心愿与心意。请收下吧！

不为荣华富贵，只求光明磊落，
传承红色基因，永是简朴生活。
（读大钊先烈"光明磊落之人格，自有
英夫简朴之生活"教诲有感。）

李建生
2018. 7. 13.

革命先驱、中国共产党创始人之一李大钊烈士之
孙李建生先生题

朴诚勇毅，
干革命。

永葆必武同志给武汉中学题字
我体会，前四字是做人，后三字
是人生追求。董良翚二○一八年
八月十七日

中共延安五老之一董必武之女董良翚题

为让人民翻身解放，当家做主，共同富裕
是我们父辈舍身革命的初心！
而今我们后人应不忘初心，继承传统，
从点滴做起，从自己做起，必慰前辈之灵！

谢飘 2018.8.1

中共延安五老之一谢觉哉与女红军王定国之子谢
飘题

学习周恩来公仆精神
全心全意为人民服务！

周秉宜
2018.8.18.

周恩来侄女周秉宜题

传红色基因
永远是基因

任远芳
武战源
2018.7.21

任弼时与女红军陈琮英之女任远芳、女婿武战源题

学习先辈从一点
一滴做起，从自己
做起．

吴本立 2018.7.16

德高望重的中共延安五老之一、老红军吴玉章之
孙女吴本立教授题

不忘先辈革命历史
继续前进

肖凯
海涛 2018.8.

开国大将、首任中国人民海军司令员肖劲光与老
红军朱仲止之女肖凯、女婿海涛题

共和国老战士永远是我们学习的榜样！
共和国老战士是我们的骄傲、是我们的源泉！
向共和国老战士致敬！

徐建
2018年8月10日

开国大将徐海东与女红军周东屏之女徐文惠题

父亲为让老百姓能过上好日子，付出了他的一生。

我们遵循他的嘱咐，终生勤奋工作，过普通人的生活。

阎小青
2018.7.18.

陕北红军创始人之一、开国上将阎红彦将军之女阎小青题

革命理想高於天

萧珠雨之女
萧霜萧露
2018.7.21于北京

原解放军总政治部主任萧华上将与老红军王新兰之女萧雨、萧霜、萧露题

为人民服务

代代永相传

戎铮
2018.7.15

原福州军区副司令员、13岁上井冈山的老红军龙飞虎将军与女红军孟瑜之女龙铮题

继承先辈革命传统
牢记使命振兴中华
二零一八年初冬 何光瑶

老红军何长工与尹清平之女何光瑶题

继承红军传统，
不忘革命初心。

红军夫妇 任荣、黄琳子女：
任曼莉、任戎征、任晓莉
任丹莉、任艳莉、任永谦
二〇一八年七月十一日

原武汉军区副政委、老红军任荣将军与女红军黄琳之子女任曼莉、任戎征、任晓莉、任丹莉、任艳莉、任永谦题

你们用青春和热血，
换来我们今天的幸福生活；
你们的名字 我们铭记在心，
你们的事迹 永世长存！
刘蒨
2018.7.16

开国中将、老红军刘忠将军与女红军伍兰英之女刘蒨题

父辈我马舍生死，
为党为民献忠魂。
我辈量同不改色，
继承传统葆初心！

红军神炮手后代
赵七一、赵世拾、赵华北
2018.7.20

被毛主席誉为红军神炮手赵章成将军之子女赵七一、赵世拾、赵华北题

浴血奋斗争
披坚落落戈争生
铭记奋斗的教诲
传承红色基因

开国少将老红军白志文郭长春之子女
白玉杰、白银英
2018年7月18日

开国少将、满族镶白旗老红军白志文将军、女红军妇女独立团郭长春之子女白玉杰、白银英题

追寻先烈足迹
传承革命精神

　　　　郭西延
　　　　王东哈
　　　　王南庆
　　　　王北延
2018. 7. 20.

中央纪律监察委员会专职委员、老红军王直哲同志之子女郭西延、王东哈、王南庆、王北延题

铭记荣军功绩
传承红色基因

王朝阳　王天穗
二〇一八.七.十五

延安荣誉军人学校毛主席提名首任校长、老红军王群之女王朝阳、王天穗题

坚持革命信仰　传承红色基因
红色传统发扬好　红军精神代代传

　老红军 李新耀 刘照林 之子女
　李军 李开建 李开祥
2018. 7. 18

老红军李新耀与女红军刘照林之子女李军、李开建、李开祥题

铭记历史 感悟前辈们长征
及抗战中的事迹 是我们永远
的精神财富！

　　老红军张敏之子张晓川

老红军、原北京军区总医院院长张敏之子张晓川题

子承父业，"以民为天"，
终始惟一，时乃日新。
黄少南
2018年7月14日

原青海省省长、省委书记，陕北老红军、毛主席亲笔书写奖状的陕甘宁边区劳模黄静波之子黄少南题

忆往昔，峥嵘岁月，可歌可泣。
看今朝，乾坤巨变，不忘初心。
想未来，坚定跟党，勇往直前。

老红军陈诚钜、闻新珠：
陈荣香、陈荣珍、
陈荣生、陈荣莲题
2018.7.18.

延安荣誉军人学校政治处主任，1927年参加农民运动、经历长征的老红军陈诚钜与女红军闻新之子女陈荣香、陈荣珍、陈荣生、陈荣莲题

先辈的足迹，
为我们指明前进的方向；
先辈的初心，
是我们前进永远的力量。

向新中国的创建者们致敬！

董绍新
2018年8月21日

中共延安五老之一、董必武之孙董绍新题

不忘初心，继承先辈未竟事业！

博古和刘群先的外孙 刘必光
2018.7.22

老红军博古与红一方面军经历长征的女红军刘群先之外孙刘必光题

父辈的长征,
父辈的光荣;
父辈的奋斗,
父辈的担承;
父辈的精神,
后辈来传承!

老红军后代 谭丽
2018.7.17

曾任西安八路军办事处纪念馆馆长、老红军谭炳文之女谭丽题

为翻身解放,父母长征万里路
为幸福安康,吾辈奋步改革途

马立国
2018.7.15

延安荣誉军人学校老红军马云峰与女红军谭新华之子马立国题

沿着父辈先辈足迹永往直前,
把红色基因代代相传。

老红军 周万成、唐照国子女:
周告华、周延林、周延丽

2018年7月20日

延安荣誉军人学校伤残老红军周万成与女红军唐照国之子女周告华、周延林、周延丽题

父母为革命一腔热血化春雨
儿女为祖国继承传统印心中
父:贺怀恩,
母:苗玉香 永垂不朽

贺晓萍 贺承志
贺小洛 贺小燕
2018.7.18

延安荣誉军人学校老红军贺怀恩与女红军苗玉香之子女贺晓萍、贺承志、贺小洛、贺小燕题

未远手持父辈为事业
不惜洒血捐躯、此书有
千秋长征精神！

李军后代
谢丽荣
2018年7月15日

延安荣誉军人学校老红军谢才贵之女谢丽荣题

长征是中华民族的骄傲,是世界历史
长河中的伟大奇迹,是振兴中华的力量源
泉.不忘初心,继承和发扬长征精神是我
们一生的追求！

王克之女崔利群
崔佳
2018年7月19日.

女红军王克之女崔利群、崔佳题

血洒长征路,
情浓后辈人。

老红军邓志云之女邓玉平
2018年7月18日

老红军邓志云之女邓玉平题

红军精神
我辈继承
告慰革命前辈
新的长征我接力！

红军女战士 王泉媛妈妈的后代
叶开敏
2018.7.19

红军西路军女红军王泉媛后代叶开敏题

目　录

第一篇
永不磨灭的记忆

致敬父母百年诞辰

纪念父亲母亲
百年诞辰
1918—2018

致 敬 词

父母一生律己严，党的宗旨记心间；
服务群众细入微，生活知足粗茶饭；
艰苦奋斗一辈子，淡泊名利无悔怨；
光明磊落无私欲，胸怀坦荡无小圈；
要问心中啥最重？人民利益大于天。

儿女敬献父母百年诞辰 2018.8.18.

一、永远的红军

向中国工农红军致敬、向长征致敬

2011 年，中央电视台军事节目中心联合中国人民解放军档案馆、中国人民革命军事博物馆、新华社解放军分社摄制的档案纪录片《永远的红军》，从立项到筹划拍摄完成，用了近一年半的时间。其间，摄制组行程 16 万公里，集中采访拍摄了分布在全国 11 个省市健在的 150 多位老红军。其中百岁以上的健在老红军就有近 20 位，他们是中国革命的亲历者和见证人。这部档案纪录片共计拍摄 20 集，在中央电视台军事频道播出，每一集虽短短 25 分钟，但被访老红军都生动地讲述了他们所经历的长征和那感天地泣鬼神的长征故事。

这部档案文献片，给当代的我们和我们的后人留下珍贵红色记忆，留下不尽思考，同时也展现了在实现中国梦的新长征路上，我们团结奋斗砥砺前行的伟大中国精神和中国力量。其中第九集《胡同里的红军奶奶》讲述了红四方面军老战士蒲文清同志的故事。

由第九集《胡同里的红军奶奶》截屏编辑

中央电视台《永远的红军》摄制组、中国人民解放军档案馆举行老红军资料及光盘交接归档仪式，应邀出席的老红军有王定国、万海峰、王定烈、蒲文清、杨永松、胡正先等。邀请出席活动的还有老红军后代及百位嘉宾。

二、永远的长征

老红军讲长征故事

　　老红军蒲文清几十年给党政机关、工商企业、大中小学、街道办事处居民群众讲长征经历做报告上千场，自觉宣传长征、弘扬长征精神，受到广大群众的欢迎与尊重。2006年，90岁的蒲文清给北京市21中学师生讲长征的故事，这是她一生中最后一次做报告。

离休老红军永葆政治热情

　　老红军蒲文清离休后，积极参加交通部老干局、东城区离退休老同志活动站的学习、参观、运动会等各种活动。她一贯要求自己积极参与，起到模范带头作用，文艺会演她带头登台。85岁时参加交通部运动会，她是年龄最大的运动员，联欢会上为大家高唱红歌，是活动站受大家尊重和爱戴的老同志。

红军后代书写红色记忆

肖华上将与王新兰之子肖云，在书写的《我的母亲——长征中最小的女红军》一书中，介绍了九岁参加长征的女红军妈妈传奇而感人的一生。老红军蒲文清之女何丽在完成《不灭的延安灯火》之后，又抱病完成《拭去尘埃的岁月——我的父亲何炳文》《我的红军母亲——蒲文清》两部55万字的红色记忆图书，展现了父母一生坚守本色、淡泊名利，一生践行为人民服务的精神品质。以此缅怀感恩革命老前辈。

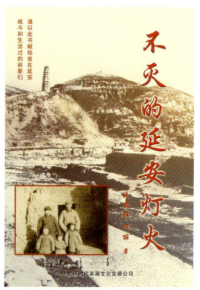

何丽为父母出版的"红色记忆图书"，请王定国、王新兰签名，两位老人特别高兴。王定国一边写自己的名字，一边高声地喊："好！好！"王新蘭签完名后，我向老人行军礼表示感谢。没有想到，王新蘭竟然也回我军礼，还笑着，并语重心长地说："孩子，你做得对。但是要真正传承红军精神不容易。要坚定地做下去，也动员更多的人一起来做。这可是我们千秋万代的大事情！"

延安娃寻找荣校红色历史、遗址

延安娃何丽为寻找延安荣誉军人学校的历史及当年的遗址，三十多年来，先后九次赴延安、西安、太原等地，打的长途电话不计其数。终于在当地老乡及方方面面的支持、鼓励、帮助下，尤其在延安革命纪念馆和延安市文化文物局和陕西省康复医院帮助下，基本完成了荣校的历史沿革资料的收集。延安市革命文物保护基金会克服种种困难，在下寺湾镇闫家沟恢复了一处荣校的革命遗址，还立碑铭言。延安甘泉县文物局已将下寺湾延安荣誉军人学校遗址、陕甘边苏维埃政府旧址、毛泽东旧居等做了一个旧址群，申报第八批国家级重点文物保护单位。

在延安甘泉县下寺湾恢复一处荣校遗址并立碑铭世

在下寺湾恢复荣誉军人学校遗址，也就恢复了中国共产党在延安十三年中有关荣誉军人学校的历史地位。在新立的碑上，介绍延安荣誉军人学校十年历史。以此铭世：这所毛主席曾经亲自几次给更名的红军伤残荣誉军人学校，将永远镌刻在共和国的历史中，昭示后人吃水不忘挖井人。

分别 73 年后延安荣校红军后代再相聚

 延安娃何丽在寻访荣校历史及遗址的过程中，通过寻访、电话、网络、史料等，渐渐找到曾经在荣校工作和休养的 70 位红军叔叔阿姨的名字、简况。最令人惊喜和激动的是，竟然联络到当年在闫家沟一排窑洞五家邻居的十几个后代。在延安出生的五家的 12 个孩子代表都已 70 多岁了，居然于 2018 年 4 月 12 日在北京市的天通苑进行了历史性相聚。见证这次相聚的，是陕西省荣军康复医院的乔社会和王朝阳，并用镜头记录下一个个永恒的珍贵瞬间。因为，这是自 1947 年 3 月转战陕北分别 73 年后的再相聚。况且，他们的老红军父母已经离世。想必他们在天之灵也会万分欣慰。

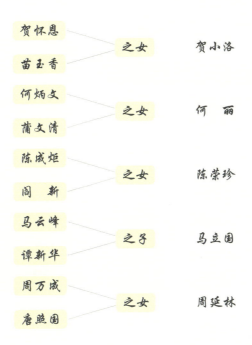

贺怀恩
苗玉香   之女   贺小洛

何炳文
蒲文清   之女   何　丽

陈成炬
闾　新   之女   陈荣珍

马云峰
谭新华   之子   马立国

周万成
唐照国   之女   周延林

见到来进门的贵客，掩饰不住内心的激动与喜悦，氧也不吸了。寻史三十多年的艰辛一扫而光😄🙏

荣院乔社会、王朝阳、立国在我家
2018.4.12.

都是延安娃
2018.04.12.11

老姐儿俩出生同年，前后只隔二十多天。我是姐姐。老姐呀！

老姐儿俩，屋里没说完出来接着说。几十年的分别当然有说不完的话

寻史三十年，延安荣校一排窑洞五家邻居后代终相见。心定魂安。

延安八一敬老院院史
设"荣军历史"专栏介绍荣校

延安时期，党中央十分重视荣誉军人的休养与学习。在毛主席的关心下曾先后成立了荣誉军人教导院、干部休养所、养老院等。中华人民共和国成立后，延安于 1959 年成立八一敬老院。这是一所全国唯一冠名"八一"的敬老院。从那时到至今 60 年间，对全国各地前往延安瞻仰、缅怀、参观、学习的各界人士、青少年数十万人次，为弘扬延安精神做出了重要贡献。现在它们展览室的"荣军历史"部分中，又增加了延安荣誉军人学校在甘泉县下寺湾时期的遗址、相关图片及历史简介。这使得恢复了名称、遗址、历史沿革、历史作用、历史贡献的"延安荣誉军人学校"，又展现在毛主席亲自关心和领导的共产党延安十三年的荣军工作和"延安精神"的光荣簿上。这是最值得告慰曾经先后在荣校工作、休养过的两三千红军老战士、革命老战士的。同时感谢延安"八一敬老院"，感谢革命历史的研究者与守护人。

长期抗战过程中，多少为国家民族求生存的好儿女在前线上牺牲了，流血了，或者残废了！为了报答他们这种英勇的精神，八路军在云阳和曲子、蟠龙等地都设有教导院的组织，它的性质就是残废军人的休养所和学校。

——《新华日报》（1938.12.10）

1938年12月10日《新华日报》报道"云阳教导院近况"

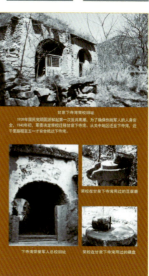

他们这次路过延安，是到八路军荣誉军人学校学习去的，……夜里，举行欢迎晚会，并且有精采招待，由鲁迅艺术学院演出，八路军政治部谭主任和卫生部姜齐同志，对残废同志都有慰勉的演讲。

军医政治部尤其精细的顾虑到残废同志行路的艰难及物质的不足，所以又发动本市各机关慰劳。……直属疗养所动员了一百多匹牲口来替他们负荷行囊。

——《新华日报》（1939.2.3）

继承红军艰苦朴素的精神，建设我们的好家风

母亲自 1933 年参加红军至 2011 年 93 岁逝世，几十年始终坚守勤俭节约、艰苦朴素的生活作风。"新三年，旧三年，缝缝补补又三年"已然成为父母从延安时期就为我们建立起的家风，一直传承至今。

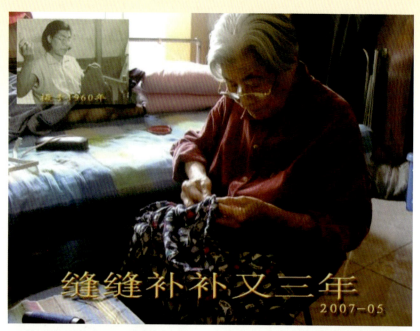

缝缝补补又三年

2007-05

母亲用了二十多年的皮带，
直至93岁高龄逝世仍在用。

母亲珍爱的针线盒

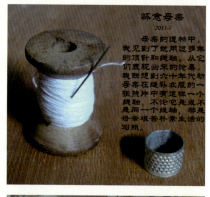

怀念母亲

2011-7

母亲的遗物中，我见到了她用过多年的顶针和线轴，从它们发现出来的沧桑，我联想到六十年代初母亲在缝补衣服的一张照片中有这样一个线轴。不论它是或不是同一个线轴，都是母亲艰苦补素生活的写照。

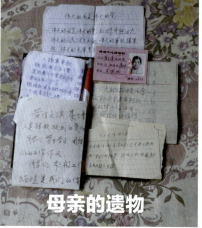

母亲的遗物

给老娘挑一双

孵　育

在以前住房较紧张时，儿孙们常常这样聚在一块围坐看课外书

苏朗彭初一家四代守护红军长征遗址至今已 84 年

1935 年 7 月 21 日至 22 日，中共中央政治局在黑水县芦花镇召开会议，参加会议的有：周恩来、朱德、张闻天、毛泽东、王稼祥、博古等。

会议小楼是当时当地头人泽旺家的。他支持红军长征并为长征准备粮食、牦牛、衣物等物品。红军离开时赠送他的纪念品收藏至今。自红军走后，泽旺本人就将小楼会址保护起来。以后他的儿子、孙子，都先后成为这座小楼的守护人。

今年 38 岁的苏朗彭初已经是第四代守护人了。他说的好："守护的是长征的革命历史，是红军的无私奉献。为了将伟大的长征精神一代代传承下去，芦花会址是最有力的历史见证。这是不可复制的革命遗址。守护、传承，是我们家族的荣幸，是责任与义务。而且这里已成为一个爱国主义教育重要场所。凡重走长征路和缅怀红军先烈的，几乎都要到这里来瞻仰。"

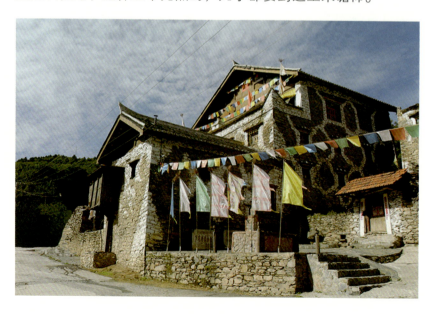

四川巴中建红军碑林，后世永远缅怀感恩先辈

创建四川巴中川陕红军将帅碑林，张崇鱼同志功不可没。

由 56 岁的张崇鱼同志倡议筹建的川陕苏区将帅碑林位于四川省巴中城南部南龛山，1993 年经四川省政府筹划批建，是中国最大的红军碑林、全国爱国主义教育示范基地。目前已建有：红四方面军主要将领纪念像园，刘伯坚烈士纪念像园，碑林长廊，红军将士英名纪念碑，吴瑞林将军纪念碑，红军陵园，奉献碑，标牌碑，观景台等 12 大景点，安放飞机一架，三七高炮二门，共嵌碑 2288 块，刻红军英名 8.5 万名，其中有 2066 名将士立单碑。他们来自 29 个省、市、区。其中四川 494 人，北京 338 人。其中有：元帅 1 人，国家领导 13 人，大将 3 人，上将 24 人，中将 71 人，少将 209 人，省军职 584 人，地师职 1063 人；有女红军 148 人，夫妇红军 108 人，刻入英名纪念碑的 8.3 万人中有省军职 948 人，地师职 2898 人，1927—1937 年牺牲的师团职烈士 1124 人，红军烈士 7.7 万人，知名女红军 138 人。同时编印《碑林专刊》一至五期，《碑文集》（上、中、下）、《红军将士作品选》、《碑林大事记》4 万册，先后有 70 多家新闻单位做了报道。

碑林红军后代联谊会在碑林党委领导下，正以习近平书记提出的"把红色资源利用好，把红色传统发扬好，把红色基因传承好"为指导，组织后代们更加努力地在新长征路上不忘初心、感恩先辈砥砺前行。

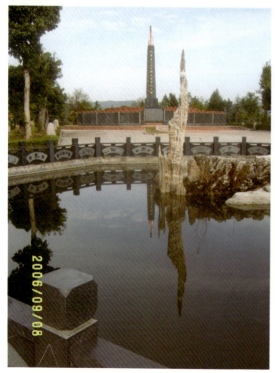

女红军蒲文清一生爱唱红歌

　　蒲文清一生爱唱歌，但她绝不是随便唱唱，是很认真地唱。她说自己虽然唱得不好，但唱歌可以很好地传承革命精神。所以她敢唱，尤其是常唱一些记忆深刻的歌，如红军时期的《当兵就要当红军》《打骑兵》《打草鞋》，并且常常唱歌时还带有动作。在中央电视台《我的红军》一档现场直播节目中，她演唱的一首《打骑兵》感动了银屏内外。就这样，她从来没有停止过唱歌。

　　蒲文清爱唱歌，不顾自己严重影响视力的眼疾，坚持几十年手抄歌词。一个封面印有长征图案的小本子上，前前后后抄了200多首各个时期的革命歌曲。光长征时期的就有20多首。她认为唱歌、抄歌都是记录历史、宣传历史、弘扬历史，传承革命精神，这是每一个经历过斗争的革命战士所义不容辞的。所以她毫不犹豫地将自己最珍爱的歌本捐赠给中国妇女儿童博物馆。

超女二重唱"革命人永远是年轻"

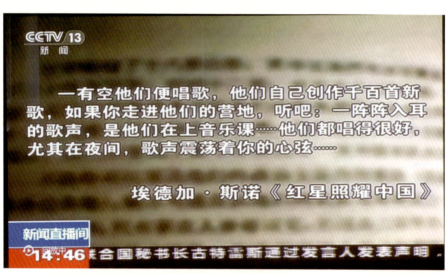

永远讴歌、弘扬、传承长征精神

延安娃何丽作为一名红军后代，要求自己认真尽一个后代的责任与义务。十多年来，为弘扬、传承长征精神创作了十多首配乐诗朗诵，保留名为《我们穿着这身戎装歌唱》。下面是其中一首，为毛主席《在延安文艺座谈会上的讲话》发表 70 周年而创作的。2012 年 5 月 20 日在北京解放军艺术剧院演出了这个朗诵节目。

我们穿着这身戎装歌唱

——纪念毛泽东《在延安文艺座谈会上的讲话》发表 70 周年

配乐诗朗诵　　作者：延安娃 何丽

当年，

我们的前辈，

穿着这身戎装，

为了祖国的独立解放，

用生命把《国际歌》唱响。

他们无视敌强我弱，

他们无视土豪列强，

他们无视血雨腥风，

他们无视刺刀钢枪。

他们，

他们终于在斗争中，

找到了英明领袖毛泽东，

找到了伟大的中国共产党！

就这样，

不屈的中国人民，

前赴后继，

英勇奋斗，

夺取政权，

建立武装。

红军长征，

创造了人类的奇迹。

陕甘宁边区十三年，

延安灯火把天照亮，

荒山变成米粮川，

穷山沟建起大工厂，

土窑洞里办大学，

小山村飞出了金凤凰，

革命文艺大发展，

露天舞台成大剧场。

《白毛女》，

《夫妻识字》，

《十二把镰刀》，

《黄河大合唱》，

无一不让边区的军民，

感动、震撼，

斗争昂扬。

延安啊，

你那么偏僻闭塞的山沟沟，

怎会创作出，

这样一部部，

不朽的经典乐章？

却原来，

是毛主席（于 1942 年 5 月 23 日）

《在延安文艺座谈会上的讲话》，

像一盏明灯，

照亮了文艺发展的道路，

指出了文艺为工农兵，

为人民大众服务的立场。

一时间，

穿越时空的红色经典，

飞向国统区、敌占区，

飞向抗日前线，

飞向解放战争的各个战场。

无论它飞到哪里，

都成为宣传人民，

动员人民，

组织人民，

鼓舞人民的巨大力量。

在那个年代，

红色经典，
鼓舞我们走过岁月，
取得了革命的胜利，
在今天，
《讲话》的精神，
继续鼓舞我们，
创作时代经典，
颂扬时代英雄，
弘扬时代正气，
讴歌伟大理想。

虽然，
从延安到北京，
时代完全变了样。
但，
毛主席的《讲话》，
永远是，
文艺工作者的指路明灯；
永远是，
文艺创作不可改变的方向。

今天，
我们穿着这身戎装歌唱。
我们用诗歌，
纪念《讲话》，
走过70年漫长的历程；
用诗歌，
把昨天的辉煌，

把今天的灿烂歌唱！
这歌声，
承载着前辈的嘱托；
这歌声，
背负着人民的期望；
这歌声，
绽放着理想的追求；
这歌声，
闪耀着《讲话》的辉煌。

今天，
我们穿着这身戎装歌唱。
我们用诗歌，
践行《讲话》的精神；
我们用诗歌，
歌唱《讲话》的光芒。
我们用坚持不懈的努力，
让这穿越时空的歌声，
永远在祖国大地，
永远在中华儿女的心中，
激荡、飞扬！
我们，
歌唱，歌唱，再歌唱。
让这穿越时空的歌声，
永远在祖国大地，
永远在中华儿女的心中，
激荡，飞扬！

三、向巾帼英雄——中国女红军致敬

永远的女红军大型展览

全国妇联宣传中心、中国妇女儿童博物馆，举办纪念长征胜利 80 周年向女红军致敬大型纪念展览。全国妇联副主席、书记处书记、中国妇女儿童博物馆馆长邓丽主持了纪念展开幕式。老红军张敏做了语重心长的讲话。"红色记忆图书"作者何丽向发布会组织单位捐赠 900 套图书。中国国家图书馆、中国妇女儿童博物馆向作者颁发了收藏证书。

《永远的女红军——中国工农红军长征胜利80周年纪念展》，2016年11月15日上午在中国妇女儿童博物馆举办。（中红网王子禄摄）

全国妇联副主席、书记处书记、中国妇女儿童博物馆馆长邓丽，主持了今天的《永远的女红军》中国工农红军长征胜利80周年纪念展开幕式。（中红网江山摄）

北京中国妇女儿童博物馆阳光大厅，《永远的女红军——中国工农红军长征胜利80周年纪念展》开幕式现场。（中红网江山摄）

老红军张敏在开幕式上发言。（中红网江山摄）

全国妇联党组书记、副主席、书记处第一书记宋秀岩（左），与老红军张敏亲切握手。（中红网江山摄）

有关领导、女红军后代等，参加了《永远的女红军——中国工农红军长征胜利80周年纪念展》开幕式。（中红网江山摄）

全国妇联党组书记、副主席、书记处第一书记宋秀岩在开幕式上致辞。（中红网江山摄）

国家文物局党组成员、副局长关强在开幕式上致辞。（中红网江山摄）

红军后代代表、女红军蒲文清之女何丽在开幕式上发言。（中红网江山摄）

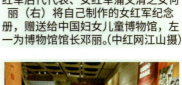

红军后代代表、女红军蒲文清之女何丽（右）将自己制作的女红军纪念册，赠送给中国妇女儿童博物馆，左一为博物馆馆长邓丽。（中红网江山摄）

周恩来总理侄女周秉宜（左三），中央党史办宣传局副局长薛庆超（右三），中央文献出版社副社长李庆田（右二），珠海延安精神研究会会长耿岱（左一）、秘书长刘丽华（左二）、外联部部长刘赢（右一）前来参加发布会。（中红网李学叶摄）

在《永远的女红军——中国工农红军长征胜利80周年纪念展》开幕式上，人们参观了纪念展。左一至左三为：黄晴宜、邓丽、宋秀岩。（中红网江山摄）

《我的红军母亲——蒲文清》首发及捐赠仪式

纪念长征胜利 80 周年，中国妇女儿童博物馆、中国红色文化研究院、中国民主法制出版社，共同举办纪念长征胜利 80 周年暨庆祝三八国际妇女节，红色记忆图书《我的红军母亲——蒲文清》首发及捐赠仪式，并制作红军母亲宣传展版。在首发仪式上，老红军张敏，红军后代代表龙飞虎之女龙铮、陈毅之子陈昊苏发表了讲话。本书作者即老红军蒲文清之女何丽做了创作分享发言，并向中国妇女儿童博物馆、中国红色文化研究院、中国国家图书馆、北京市东城区关工委捐赠了图书。北京开国功勋后代艺术团表演了大合唱等节目。

《向永远的女红军致敬》宣传图片

　　全国妇联非常重视宣传、传承伟大的长征精神，尤其对红军中的巾帼英雄们的崇敬和关爱，经常邀请她们座谈。凡五年、十年这样的纪念节点更是加大宣传力度，倾注更多的心血。为纪念长征胜利 80 周年，又特别制作音乐影像带和《向永远的女红军致敬》这些宣传图片，很受参观者欢迎。

不掉队、不带花、不当俘虏、不得8块钱（即不生病被寄养）。
——长征中女战士的行军口号

11/29

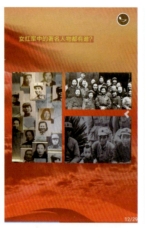

女红军中的著名人物都有谁?

12/29

蔡畅

长征中的革命"圣徒"

如果说长征有什么"圣徒"的话，那么，这个圣徒便是她（蔡畅）。——美国作家哈里森·索尔兹伯里《长征——前所未闻的故事》

13/29

邓颖超
带病完成长征

康克清：参加了三大主力长征

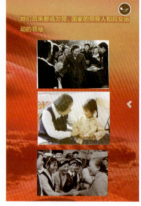

她们后来都成为党、国家的领导人和妇女运动的领袖

还有

贺子珍：
绚丽的"井冈之花"。

邓六金：
投身革命即为"家"，"哪怕是死，也要死在队伍里！"

王泉媛：
英勇的妇女先锋团团长

◀刘英：牵着马屁巴过雪山，钢丝一般坚韧的女子

◀刘彩香：革命的"女挑夫"，顶替民夫抬担架

◀李坚真：奋不顾身抬伤员长征路上的"鱼"大姐

李贞
长征中走出的女将军

陈慧清：
战火中分娩，坚强的战士与母亲

危秀英：
智救中毒战友，机智勇敢的女红军

杨厚珍：
一双"解放脚"寸量两万五千里，长征中的小脚红军

038

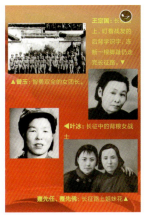

王定国：长征路上，盯着战友的后背学识字，冻断一根脚趾仍走完长征路。▼

▲曾玉：智勇双全的女团长。

叶冰：长征中的背粮女战士▲

蹇先任、蹇先佛：长征路上姐妹花▲

◄苏风：17岁的妇女独立营营长，"一连娘子军缴一团白匪枪"的故事传遍川陕苏区

◄张琴秋：智取中坝城，红军唯一的女师长

◄陈真仁：一家三代11口人加入了红军参加长征

◄唐树林：辫子一剪当红军

苦苦要求出征的红二十五军"七仙女"

中国工农红军第二独立师第三团女子特务连：青史留名的红色娘子军

1936年10月，中国工农红军三大主力红一、红二、红四方面军会师，长征胜利结束。长征的故事是讲不完的往事，女红军的事迹凄美壮丽，是长征中最雄壮的章节。

长征精神 永葆！
邓经经

红军长征精神万岁！
蹇之师 二○○八年冬月

长征精神 薪火相传
林之 二○○年月

长征万岁
二○一一年元月王定国

长征中女性表现出坚定的理想主义信念和艰苦奋斗、不怕牺牲的英雄主义精神，勇敢、坚韧、互助、关爱的美德，表明她们不仅是伟大的战士，还是伟大的母亲。

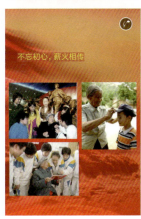

不忘初心，薪火相传

她们的信仰
她们的精神
她们的故事
永远鼓励我们前进

永远的女红军
中国工农红军长征胜利八十周年纪念展

永远在长征路上

女红军长征专题展览

在纪念长征胜利 80 周年之际，中国妇女儿童博物馆专门举办了关于女红军长征的专题展览。中国女红军参加万里长征和坚持根据地革命斗争，超越战事无常与生理的极限，历尽苦难而淬火成钢，不仅是中国革命战争发展的结果，也是中国妇女解放运动发展的历史见证。

中国妇女儿童博物馆为百岁老红军王定国
举办传奇一生连环画展览

王定国，是一位德高望重并有着传奇经历的女红军。在纪念长征胜利 80 周年之际，中国妇女儿童博物馆特举办"王定国传奇一生连环画展"向这位老红军致敬。在展览开幕式结束后，几百位出席者蜂拥而至争先观看，赞不绝口，纷纷拍照留念。衷心祝红军老妈妈健康长寿。

中国妇女儿童博物馆设女红军蒲文清展柜

中国妇女儿童博物馆将女红军蒲文清及子女捐赠的文物资料设专柜展出。捐赠的文物有：延安时期马褡子、蒲文清手抄革命歌曲的歌本、参加北京市第七届人民代表大会的代表证等。

中央电视台《永远的红军》中第九集
《胡同里的红军奶奶》宣传展板

中央电视台在 2011 年拍摄了 20 集大型文献档案纪录片《永远的红军》，其中拍摄老红军蒲文清的单集——第九集《胡同里的红军奶奶》。从 2011 年 8 月 31 日首次播放后，蒲老几十年自觉讲长征、宣传长征精神、全心全意为人民服务、永葆艰苦朴素本色，感动了千万电视观众。她曾受到过毛主席五次接见。中国妇女儿童博物馆特别感觉到，蒲老在和平年代始终坚守长征精神是很了不起的。所以，纪念长征胜利 80 周年之际，中国妇女儿童博物馆制作了蒲文清一生自觉弘扬长征精神宣传展板，受到与会者和参观群众的高度赞扬。

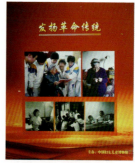

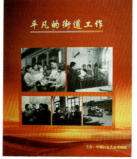

四、镜头记录下纪念长征胜利活动

老红军王定国、蒲文清应邀出席崔永元主持的《我的长征》纪念活动

2012 年 5 月，中央电视台《我的长征》节目组邀请 95 岁老红军王定国和 89 岁老红军蒲文清出席并参与互动，这两位高唱红军歌曲的"超级女声"在荧屏上展示了女红军战士的动人风采。

后来，在录有这档节目的中央电视台《晚间新闻》的几次重播后，她们都会接到观众和老战友的电话，要求说说她们长征时的故事。记忆虽然变得有些零散，但却令人感到振奋和幸福。

纪念红军长征胜利 60 周年大会

全国妇联和延安女大联谊会，分别举行纪念长征胜利 60 周年大会。贺龙元帅夫人薛明是延安女大校友会会长。出席的领导人有马文瑞、廖汉生等。还有陈宗英、刘英、林月琴、邓六金、王定国、王新兰、蒲文清等 20 多位女红军。

红军后代在全国政协礼堂举办纪念红军长征
胜利 65 周年茶话会

红军后代在全国政协礼堂宴会厅举办纪念红军长征胜利 65 周年茶话会。军旅画家张清智同志为该纪念活动专门创作了主题画，与会老红军都在作品上签上了自己的名字。这次后代们自筹经费在全国政协礼堂举行的纪念活动，还得到"稻香村"的大力支持——老村长刘振英先生亲自为老红军选定适合老人的茶点。著名歌唱家王昆、马玉涛、李光羲、联莲风、李元华、贾世骏参加了活动并表演了节目。国旗班还有两位战士出席。中组部老干局傅思和局长应邀出席并讲话，活动中令与会 31 位老红军最为感动的是《长征组歌》中过雪山草地的歌唱。

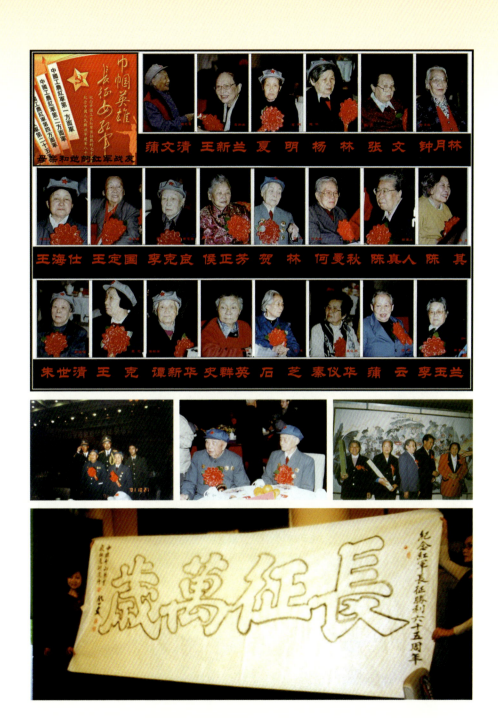

女红军个性化邮册首发式

全国妇联、中国集邮总公司、以徐海东大将之女徐文惠为理事长的开国元勋文化促进会于2006年9月12日，为纪念长征胜利70周年，在人民大会堂举办了女红军个性化邮册、邮卡首发式。在全国妇联黄晴宜副主席热情洋溢的讲话中，特别赞扬了红军女战士在长征中英勇顽强、不怕牺牲的大无畏奉献精神，让我们代代弘扬和传承伟大的长征精神。整个活动中群情激动，与会者都争先恐后请红军妈妈为邮册签名。应邀出席的老红军不顾年老体弱，有的由家人搀扶，还有的坐着轮椅，很是感人。出席活动的老红军和与会者四百多人的大合影使活动达到了高潮，被称为"世纪合影"。

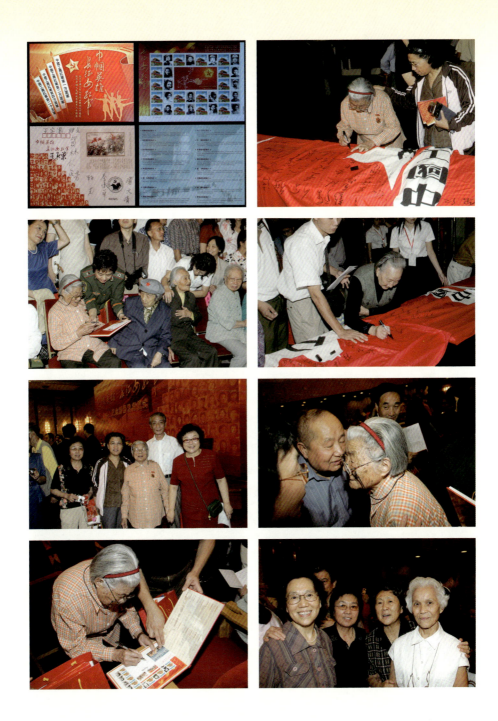

纪念长征活动的文件、请柬、纪念品等

老红军代表应邀出席中共中央办公厅、中央军委办公厅、国务院办公厅及北京市委、市政府组织纪念中国工农红军长征胜利报告会、纪念活动的相关文件及请柬、纪念品等。

为庆祝中华人民共和国成立 60 周年举办《唱响中国》活动

为庆祝中华人民共和国 60 周年华诞，中国华夏文化促进会、北京将军后代合唱团在北京饭店金色大厅举办《唱响中国》活动。王定国和蒲文清两位老红军是参加活动的活跃人物，这两位有着 75 年革命友情的红军战友在活动中合影留念。蒲文清接受了凤凰卫视现场采访。

中国红色文化研究院制作的老红军宣传展板

　　中国红色文化研究院建院十年来，秉承崇尚红色文化、传播红色文化、创新红色文化的宗旨，努力贯彻落实习近平总书记"要把红色资源利用好，把红色传统发扬好，把红色基因传承好"的指示，积极组织多场次红色工程走进百城感恩行动。坚持弘扬、宣传、传承革命精神的感恩公益活动。这些活动对于青少年及广大群众进行爱国主义教育和实现中华民族伟大复兴的中国梦产生了积极作用，受到群众广泛好评。

　　在纪念长征胜利 75 至 80 周年期间，中国红色文化研究院组织了 30 多次对老红军的探访、慰问、送温暖活动。特别是克服种种困难，为老红军敬献上他们一生最钟爱的红军服装和带有红色五角星的红军帽。在纪念红军长征胜利 80 周年之际，特别邀请 20 位老红军出席大会，并为每一位老红军都制作了宣传展板。

李玉岚，生于1920年

杨树兆，贵州彝族人，1918年

王新

王海仕，1918年出生于四川

胡正光，1918年出生于

黄平，1916年2月出生于

黄静元，1917年出生于陕西

长征胜利 74 周年之际在京女红军举办签旗活动

2009 年 11 月，为纪念长征胜利 74 周年，部分红军后代组织了在京女红军签旗活动。31 位出席活动的红军老妈妈郑重地在党旗上签名。与会的 40 多位红军后代与红军老妈妈合影留念。活动后由负责人将这面旗捐赠给中国人民革命军事博物馆。

8位老红军共话三八国际妇女节

　　2007年3月7日，三八国际妇女节前夕，中国人口文化促进会邀请王定国、蒲文清、秦以华、侯正芳、王新兰、孙克、张文、贺林在妇女儿童活动中心台湾厅座谈共话"三八"，以小礼品福娃为红军老人送福，并祝妈妈们节日愉快、健康、长寿。

《中国日报》记者专访老红军蒲文清

为纪念中华人民共和国成立60周年，《中国日报》记者王儒采访老红军蒲文清同志，并发专版详细报道。

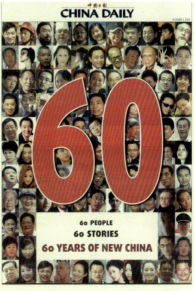

《中国交通报》刊发蒲文清过雪山草地的长征记忆

在纪念长征胜利 80 周年之际，何丽向蒲文清生前工作单位交通运输部党委赠送回忆父母的红色记忆图书后，接受《中国交通报》的约访。他们将访谈内容发表在《中国交通报》上，以纪念这位红军老同志。

《中国人口报》整版刊发《新四世同堂》

2010年8月，《中国人口报》拟在中秋节前夕报道一位四世同堂老红军的家庭生活。经北京市东城区委组织部介绍到交道口街道党委找到老红军蒲文清同志，特派记者潘松跟拍蒲老及家人一天后，在报纸上整版报道。

五、红色后代的红色情结

用镜头拍下不灭的记忆

老红军后代张雁之多年来积极主动参与各种宣传长征精神的活动，并拍下许多珍贵的影像资料。中国妇女儿童博物馆《永远的女红军》展览图片就是其中之一。

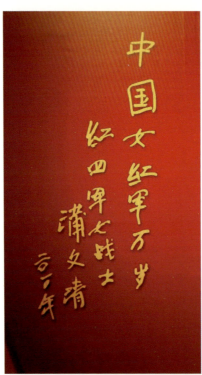

红色后代给红军妈妈祝寿

　　王定国与蒲文清是长征时的老战友。几十年来情谊深深、来往甚密。蒲文清很尊重这位比她年长6岁的大姐。这种同志情、战友爱也延续到她们的同为八一学校发小儿的子女。即使在蒲文清病逝后，家人也不忘给德高望重的王妈妈祝寿。为庆祝老红军王定国百年诞辰，2014年1月，何丽代表弟弟妹妹给102岁的王定国老妈妈送去寿礼，并在生日会上与其家人合影留念。

红色后代传承和发扬革命传统

　　北京市东城区教育局关工委邀请红军后代出席长征胜利80周年纪念活动。在活动中，大家观看专题片《胡同里的红军奶奶》，大家共唱国歌。革命先驱李大钊之孙李建生、董必武之孙董绍新、老红军张敏之子张小川、肖劲光大将之女肖凯等纷纷为大会题词。老红军蒲文清之女何丽在活动上做了发言。

刘必光

肖凯

第二篇

革命圣地延安

一、延安：中国革命的红色摇篮

延安，是一个神圣而又令人神往的名字；延安，是一块神秘而又神奇的土地；延安，是中国人民心中永远的敬仰，是中国人民心中永远不灭的灯火；延安，是中国革命的圣地。

历史上，因为延安南面的黄陵县是中华民族始祖黄帝的陵地，而使之成为炎黄子孙共同寻根祭祖的圣地。中国共产党在这里，领导陕甘宁边区军民开展艰苦奋斗、自力更生、丰衣足食的大生产运动，巩固和发展了陕北革命根据地，粉碎了国民党的经济封锁和军事围剿，指挥了全国的抗日战争和解放战争。所有这些，都为我国新民主主义革命的胜利奠定了坚实的基础。从而，使得延安在中国革命的历史上，确立了"中国革命的红色摇篮"和"中国革命圣地"的地位。中国共产党在延安的 13 年，成为中国共产党和中国革命的一个重要的、举足轻重的历史阶段。

延安，为什么被称为"中国革命的红色摇篮"？

大凡有过延安革命经历的老同志，都会毫不含糊地告诉你：我党、我军和大批的地方领导干部、军事指挥家、革命英才、理论家、革命文艺人才、自然科学家等，无不出自延安的窑洞大学。他们还会如数家珍地告诉你，自 1935 年 10 月，中共中央和毛主席

▶ 当年延安宝塔山下

▶ 1937 年，王群（左）与何长工同志于延安

▶ 1934 年延安保育院的孩子们

率领红军到达陕北吴起镇后，在延安的 13 年间，先后创办了各类干部学院：中国人民抗日军政大学、陕北公学、行政学院、民族学院、延安大学、自然科学院、马克思列宁主义学院、中国医科大学、日本工农学校、延安外语及新文字干部学校等 15 所。这些条件简陋且无名的"窑洞大学"，不仅为中国革命，而且也为新中国的社会主义革命和社会主义建设，培养和储备了各类精英和人才。

所以，延安被称颂为"中国革命的红色摇篮"。

延安，为什么还被誉为"中国革命的圣地"？

彭真同志曾精辟地指出：延安"圣"在延安精神和延安作风。延安作风是什么？是实事求是、坚持真理、修正错误；是群众路线，是全心全意为人民服务；是民主集中制、批评与自我批评；是自力更生、艰苦奋斗；等等。而且这种精神和作风，已经成为中国共产党的革命传统和优良作风的结晶，成为革命和建设的传家宝。你怎能相信，这个当年各方面都很落后且只有3000多人的小山城，竟然在短短13年的时间里，铸就了独具中国特色的延安精神和延安作风，对中国共产党和中国革命，作出了如此重大的贡献！

▶ 抗大学员在延河边休息

▶ 1938年，抗大总校在延安的校门

▶ 1943年，延安荣誉军人学校的学员在上课

▶ 到敌人后方去，罗瑞卿副校长（右四）带领学员深入敌后

延安，为什么是我们心中永不熄灭的灯火？

延安，是我们的父辈曾经战斗和生活过的地方。这段激情燃烧的岁月，对他们的一生都有着举足轻重和刻骨铭心的影响与意义。而出生在这块红色土地上的我们，从小就受到父辈们铸就的延安精神潜移默化的影响与教育。所以，我们这些延安娃的心中，也像我们的父辈一样，对延安充满了深情和感动，充满了幸福和自豪。我们常常会在心里说：延安啊，你是我们永远的怀念；你那神圣的土地，永远是我们魂牵梦绕的地方；你那不灭的灯火，不仅燃烧着那个激情的岁月，而且也永远是我们人生的指路明灯。

所以，延安是我们两代人心底里最神圣、最敬仰的地方；是我们心中永不熄灭的灯火！

▶ 1946年，保卫边区的骑兵部队在南关大操场上训练

▶ 1947年3月12日，国民党部队空军突袭轰炸了延安

▶ 1947年3月19日，为了适应战略转变和需要，西北野战军暂时撤离了延安

▶ 1948年，光复后的延安城已初具规模

▶ 从1938年到1941年，日寇飞机17次突袭轰炸了延安，犯下了滔天罪行

▶ 从1952年起，延安城已逐渐恢复了战争的创伤

▶ 延安清凉山不仅有古老的文化遗迹，它还是党中央在延安时期重要新闻单位的所在地

▶ 这是延安著名摄影家魏至善为第二套人民币贰元图案稿拍摄的宝塔山

二、七贤庄1号：通往延安的门户驿站

八路军驻陕办事处位于陕西省西安市北新街七贤庄。从1936年到1946年，七贤庄是中国共产党和人民军队在古城西安设立的红色堡垒所在地。从红军秘密交通站、红军联络处到八路军驻陕办事处（以下简称驻陕办事处），七贤庄经历了土地革命战争后期、抗日战争时期和解放战争初期三个重要的历史阶段。在中共中央和中央军委的领导下，驻陕办事处的同志肩负重托，不辱使命，完成了党中央赋予的"建立红军秘密交通站、开展隐蔽战线斗争，营救失散红军将士，开展民族救亡运动，和平解决西安事变，推进统一战线形成，输送培养爱国青年，保护中转抗日将领，采购运输边区物资，筹措转运抗战经费，揭露制止反共摩擦，坚守红色革命堡垒"等多项任务，为中华民族的独立与解放作出了重要贡献。

西安七贤庄，是古城西安城里的一处普通院落。1935年10月红军长征到达陕北。由于恶劣残酷的生存、斗争环境，亟须解决一批医药用品和医用器械。1936年4月，根据周恩来的指示找到西安七贤庄1号。这样，这里即被作为中国共产党的地下交通站和红军联络处。抗日战争爆发后，又成为八路军驻陕办事处，历时十年。这样，在中国共产党领导人民进行革命斗争的光辉历史上，成为西安乃至整个中国通向革命圣地延安必经的门户驿站。这样，"七贤庄"这个名字，就与国家的前途、民族的存亡联系在一起。"七贤庄"这个名字也就永久地留下来。更准确地说，是七贤庄 1 号。

▶ 原八路军办事处门口

▶ 办事处同志在菜地劳动

▶ 办事处的汽车在运送物资

▶ 爱国青年蜂拥七贤庄 希望通过办事处帮助到延安去。

"七七事变"后抗日战争爆发。为了表示我党抗日的诚意，1937年7月18日，中央军委分别命令红军按照国民革命军序列改编为八路军。1937年8月22日，西安七贤庄1号挂上了"国民革命军第八路军驻陕办事处"的牌子。9月以后又改为"国民革命军第十八集团军驻陕办事处"，成为我党设在国民党统治区内公开的办事机构，也成为护送大批革命仁人志士、进步青年、社会知名人士、外国友人等出入延安的秘密交通服务站。周恩来、董必武、刘少奇、林伯渠、叶剑英、李克农等领导同志，对于办事处的组织领导、工作开展等倾注了大量精力与心血。

当时，出入延安的中共中央及军队的各级领导人，无论身份公开不公开，七贤庄都是必经的留住地方。这里比较安全，由"西办"负责接送，办理各种过往手续。其间接待了：

周恩来，刘少奇，朱德，彭德怀，叶剑英，邓颖超，邓小平，左权，张闻天，王稼祥，任弼时，徐向前，林彪，张云逸，徐海东，王首道，陈赓，陈云，邓发，张浩，许光达，贺龙，刘伯承，萧克，李天佑，刘亚楼，蔡树番，钟赤兵，马明方，毛泽民，王铮，曾山，王观澜，谢觉哉，徐特立，吴玉章，王若飞，王树声，王维舟，车耀先，邓子恢，甘泗淇，蔡畅，肖华，叶挺，边章五，关向应，许建国，吴仲廉，张子意，张琴秋，陈昌浩，张鼎臣，陈郁，陈潭秋，罗世之，罗炳辉，刘子久，朱理治，陶铸，粟裕，傅连暲，曾希圣，廖承志，杨尚昆，李伯钊，张德生，贾拓夫，潘自立，潘汉年，欧阳山尊，等等。

他们由延安到前方去，到国统区去，或者由各地回到延安，来去匆匆，风尘仆仆。

红军时期进入延安的斯诺夫妇、史沫特来、马海德、白求恩及救护队、印度援华医疗队、路易·艾黎、爱泼斯坦、胡志明、米勒等，还有许多外国友人、考察团、爱国华侨……由于"八办"人员的热情、认真、负责，使得这些人士、朋友安全往来，为他们的延安之行，提供了最大的方便与安全感（资料来自《西安七贤庄》一书）。革命圣地延安，给他们留下了终生难忘的记忆，也成为他们许多人一生魂牵梦萦的地方。斯诺先生就是典型的代表。印度支华医疗队长柯棣华还与一位中国医生结婚，周总理亲自为他们的儿子起名张印华，还教导他学医，将来回到祖国印度服务。后来当柯棣华先生不幸逝世时，他的遗体安放在了石家庄烈士陵园。

所以，西安七贤庄八路军办事处与延安息息相关。延安是中国革命的圣地，"八办"，就是通往圣地必经之地。几十年来，但凡到延安去瞻仰圣地、缅怀前辈、接受洗礼的，几乎都会到西安七贤庄八路军办事处——这个对中国革命作出过重大贡献的神秘之地。

▶ 何丽收集的关于西安八路军办事处资料

▶ 2007 年，何丽与母亲去西安寻史，55 年后于原八路军办事处大门口合影留念

三、清凉山印刷厂：党中央的宣传阵地

清凉山在延安城东，它拥有丰富的历史文物古迹。据史书记载，清凉山因其独有的佛洞、奇景和摩崖石刻而闻名于世，被称为"金仙胜境"。山上18个洞中的万佛洞、三世佛洞、弥勒佛洞、释迦佛洞等更为有名。尤其是万佛洞，又高又宽又深，洞内四壁雕刻的万余座佛像，形态各异栩栩如生。老红军蒲文清曾多次笑着说：延安印刷厂就建在清凉山上的佛洞里。

清凉山虽然由于佛洞、奇景和石刻而有名，但真正的名气，却是因为它曾经是我党新华通讯社、延安新华广播电台、解放日报社、边区群众报社、新华书店等的所在地，一些重要的刊物，都是由清凉山印刷厂印刷完成的。而清凉山印刷厂，就是大家说的延安中央印刷厂。

这个印刷厂除了担负着《解放日报》《共产党人》《新中华报》等这些重要的党政文件、文艺读物等的印刷，同时还担

▶ 清凉山印刷厂是党中央最重要的宣传阵地

负着保密文件以及近乎绝密品的边区票印刷。所以，印刷厂又分为普通厂和保密印钞厂两个部分。

每当说起这些，母亲就回忆起她小时候被大娘赶出来住在破庙的悲惨日子。她向四面的菩萨磕头作揖，任凭她哭死或把嗓子喊哑，菩萨、佛爷都没有救了她，还是红军把她拉出火坑，走进革命队伍才真正得救了。

但母亲也备感遗憾，虽然在那里工作近一年时间，但从来没有在清凉山上转一转，更没有去那么多佛洞和寺庙里看看，从来没有听到过老百姓讲的那些敬神拜佛和历史传说的有趣故事。

▶ 当年使用的印刷机

▶ 革命文物印刷机

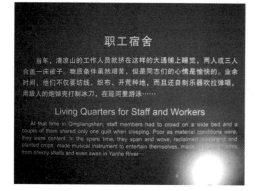

▶ 这是对工人宿舍的介绍

▶ 这种大通铺晚上要挤十几个人

　　母亲被分配去的是折页、装订、打包的普通厂。在她心里，这两种工作有着同样的重要性，她郑重地服从组织分配。于是，她佩戴着红领章，穿戴整齐，精神饱满地去印刷厂报名当了一名工人。

　　因为印刷厂的各个部门的程序都在一个大石窑里完成，尽管各个部门都有分工，对于母亲这样的新工人，是大家互助的主要对象。她不甘在别人的帮助下工作，所以积极、努力、主动地了解和学习各种技术，要求自己"笨鸟先飞"。因为她左手的残疾，因此要花费比别人更多的时间和努力勤学苦练叠纸、裁纸、对号折页子、装订、包装、打捆等各道工序，却从来都不知道劳累，还总是乐呵呵的。

　　雷达天是当年印刷厂的副厂长。据母亲回忆，他那时就30多岁，对工人非常关心，尤其对新进厂的年轻工人更是关怀备至，他发现干活儿的时候母亲总是躲着他。

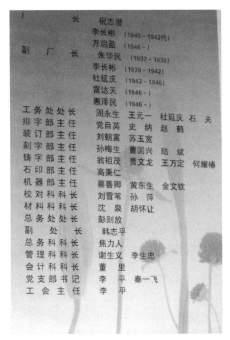

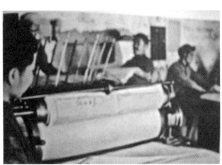

▶ 当年印刷厂领导的名字　　　　　　▶ 延安印刷厂的老印刷机在印刷文件

　　渐渐地，雷厂长发现这个个子虽然矮，身体比较瘦弱也比较单薄的折页工蒲文清，装订、扛纸、打包，什么重活儿、累活儿都会抢着去干。他还发现，她的手在做对号折页子、理纸或打包这些活儿的时候，总有点不太对劲，可是又说不上来是怎么个不对劲。他还发现她的左手上总是缠着布条条，布条上还常有渗出的血迹。

　　有一天，他问起了母亲手的事。

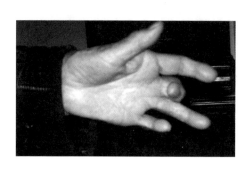

　　残疾的左手是母亲的心病。所以听到厂长问她的手就吓了一跳，可是，又不由自主地把手伸了过去。当厂长看到她伸出无名指关节变形、中指完全不能伸开的左手时，也吓了一跳。他把母亲的手翻过来手心向上一看：天哪，这女娃子是怎样的一只残疾的手啊！"文清，讲讲你的手。"母亲简单地讲了她伤残的左手的故事。

　　母亲4岁时，三姐抱着她在地主门口熬盐剩下的余火旁烤火，突然被地主看到了，地主不问青红皂白，一脚就把母亲和她的三姐踢倒在火塘里。火灰扑了母亲一脸，眉毛被火燎着，腿上也烧起了泡。更为严重的是母亲的左小手被烧得没了皮，露出鲜红鲜红的嫩肉；无名指被烧得弯曲变形，小关节都裸露出来；中指头被烧断了筋，抽搐得不能伸。由于家里太穷没有钱买药治，就眼睁睁地看着小手落下残疾。穷苦人家的孩子手被烧伤算个什么。她7岁的时候，在大娘家也遭到非人待遇，以后做童养媳，最后又被卖到地主家做了丫头。直到参加红军，她才逃离了人间地狱获得解放。

　　当雷厂长听完母亲小手被烧伤的经过，在他愤怒的眼光中，充满了对她的同情和爱怜。他似乎有好多的话想对她说。但是，他抚摸着母亲的左手只简单说了几句："文清，你很坚强，也很不容易。以后好好干，但别逞强。记住，千万要爱护手，莫再让它受伤了。"母亲牢牢地记住了厂长的话，同时，也把厂长对她的关心和温暖，牢牢地记在了心里。

当年印刷使用的是平板印刷机，印一页翻一页，翻一页再印一页。机器就是这样在一页页的翻动中，发出嗒嗒嗒的、均匀的节奏声。母亲刚来的时候，对这种声音感到很新鲜，但也很不习惯。可是后来她却觉得离不开这种嗒嗒嗒的声音了。她说这声音叫人觉得那么踏实，时时刻刻提醒你保证准时完成任务。然而，1939 年五六月份，组织的一纸调令，不仅使她离开了延安印刷厂，而且也改变了她以后的命运。但清凉山印刷厂的记忆却永远刻在了她的心里。

母亲虽然在 1987 年有机会回延安重访故地，但是没能够重上清凉山、重温战友情、重进千佛洞、重摸印刷机、重闻油墨香。所有这些，对于一个已经 93 岁高龄且腿脚不太方便的老同志来说，无疑是终身的遗憾。

当年的清凉山印刷厂，处处都叫母亲感觉到温暖。而留给她的那深深的同志情、战友爱，仍然安抚和温暖着母亲的心灵，继续着她对清凉山的不了情。

▶ 清凉山中央印刷厂所在地

四、延安荣校：永远镌刻在中国历史上

"荣校"——"延安荣誉军人学校"的简称。别小看这个名字，它可是非同寻常。因为从 1935 年的荣军残废医院、教导院、教养院、荣誉残废军人学校，到 1939 年的"荣誉军人学校"，其间领导关系和名称几经变更，但每一次都是在毛主席的亲自关怀指导下完成的。随着这些变更和变化，延安的荣军工作也不断改进与完善。下寺湾时期，可以说是荣校规模最大、条件最艰苦、管理工作和休养员生产劳动最突出、最有成绩的时期。

因为我（何丽）是荣校的后代，是在下寺湾的土窑洞出生，并在那里的沟沟峁峁度过了童年时光。那艰苦、清平、简单却快乐的生活，给我留下了非常深刻的记忆。荣校，这个我成长的大家庭，和我记忆中的叔叔、阿姨，弟弟、妹妹，使我终生难忘。所以寻找我的家和家里的亲人、寻找荣校的历史，就成了我几十年来的心愿。父母在世时是这样，父母相继离世后更加速了我寻找的脚步。随着逐步深入，我逐渐了解了荣校当时的特殊历史地位和历史贡献，了解了毛主席重视、关怀荣军工作，以及亲自关心荣校、休养员，甚至几次亲自为荣校更名的意义。这意义的突出表现就是在所有的名字中，都毫不客气地除掉"残废"两个字。我的父母及荣校的叔叔阿姨们，从中感受到了毛主席对他们的理解与尊重。他们这些荣军也就更自信了！

这些不仅给我增添了信心和力量，更给我指出了为"展现荣校的历史、恢复荣校的历史地位、恢复下寺湾荣校的革命遗址"的努力方向！下面就是我30多年搜寻、查找、整理的相关文字。

从1935年10月，中央红军到达延安成立"红军荣誉军人残废医院"，到1939年1月底的"荣校"，毛主席曾多次亲自主持、听取关于荣军残废工作情况的汇报，认真了解伤残同志们对该项工作的意见和要求，同时，多次给出非常明确和具体的指示。

新 中 华 报　一九三八年十二月二十日

云阳教导院近况

▶《新中华报》报道云阳教导院近况

1. 红军荣誉军人残废医院

1935 年 10 月，中央红军长征到延安后，为解决三个方面军即一方面军、二方面军、四方面军红军伤残人员的医疗问题，由中央卫生部先后在陕西的蟠龙、青化砭、安河镇、云岩和甘肃的曲子镇，分别成立了五个"红军荣誉军人残废医院"，收有 3000 多位休养员。这个时期的工作由中央卫生部领导。

2. 荣誉军人残废教导院——即为五个"残废医院"总称

1937 年 7 月 7 日卢沟桥事变后，由于边区政府林伯渠主席以党代表身份常驻西安，边区工作则由副主席张国焘主持。由于他对残废工作不够关心，加上生活条件差和缺医少药，边区伤残同志意见比较多，发牢骚、讲怪话的不少。

抗战爆发后，前方的伤病员不断来到延安，其中也有不少被我党收容的国民党伤病员。这些人在残废医院的休养员中煽动闹事，甚至出了打骂群众等乱子，有的人直接给毛主席写信反映情况。

在这种情况下，经党中央、毛主席决定：把原来由政府管理的残废工作，划归军委领导。毛主席在了解残废医院的情况后说："不能再叫残废教导院了。这个称呼对残废同志的人格不尊重，任何人去那里都会对它产生反感。我和富春同志议了一下，准备把'残废教导院'改为'荣誉军人教导总院'。并任命河防司令何长工为总院院长，王群任政委。"

这个时期的工作由军委领导。

3. 八路军荣誉军人教导总院

1937 年底，毛主席在决定把"残废教导院"改为"荣誉军人教导总院"后，明确何长工、王群两位同志仍为总院的院长和政委，毛主席还提出，要召集伤残病员代表和卫生部门一起开教导院工作会议。还要求搞个"荣军教导院"方案。

党中央和毛泽东主席都十分关心荣校的工作。1938年2月，毛主席亲自安排由何长工主持召开了有伤残军人代表参加的教导院工作会议，了解和倾听伤残军人的意见和要求。八路军总部、卫生部、供给部的领导同志和李富春、滕代远等60多人都出席了会议。毛主席到会并讲话。大意是："感谢大家提了不少批评和意见。过去工作没有做好，责任在我们重视不够，缺乏主动精神去抓这项工作，也没有组织好。客观上也存在着许多困难，请大家谅解。'八路军荣誉军人教导总院'，今天就正式成立了。各分院由总院统一领导。"

同年5月至8月，为满足部分伤残军人的要求，经党中央和国民党政府交涉后，妥善地解决了近两千名伤残人员回各省的安置问题。党中央和毛主席的关怀，给了伤残军人以极大的精神鼓励和安慰，使他们信心百倍地经受住了伤残身体的痛苦和生活艰难的考验，在不同的战斗岗位上仍贡献着自己的才智和力量。

随后，毛主席在何长工呈报的"筹建荣军教导院的报告"上作了批示，并亲笔给何长工同志回了一封信：

长工同志：你提的办法，原则上我完全同意，请会同王群同志切实办一办，一定要力改过去错误方针，积极地当作训练干部去办好。名称拟改为教导院，废止称残废院。你为院长兼政治科长，王群为政委兼供给科长，另找一专门的卫生科长，就是你们三个人负总院责任，靠近军委留守处找一两（间）房子办起事来。不日起始的教导院工作会议好好地开一开，由你主持，王群辅之，我可以来讲一次话。先找富春、滕、肖、谭、莫一商开会要点，即将你拟的东西先行讨论一番。

趁此次开会，彻底地把各院全部情形调查清楚。

毛泽东

二月二十五日

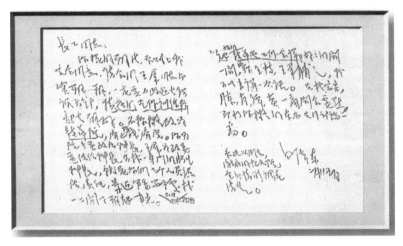

▶ 毛主席关于成立荣誉军人教导院的信的手迹

八路军荣誉军人教导总院：

院长：何长工。

政委：王群。

军委卫生部副部长孙仪之兼任卫生科长，秘书、会计、出纳员等20多人。

院址：延安城西南的军委留守处旁。

这个时期的工作，由根据地政府移交荣军教导总院负责。同年12月底，教导总院划归军委卫生部管理。

1938年底，毛泽东还召集卫生部门和中央有关负责同志，到杨家岭向他汇报对伤残工作的检查情况。在会上，毛泽东当即指示有关部门，今后发物资的次序为：（一）前方；（二）伤病员；（三）残废同志；（四）后方部队和机关等。残废同志的伙食标准与伤病员相同（中灶标准，每人每天7分钱）。

毛主席一贯尊重荣军的人格，多次亲自主持、听取关于荣军残废工作情况的汇报，认真了解残废的同志们对该项工作的意见和要求，多次给予非常明确和具体的指示，诸如毛主席亲自确定的陕甘宁边区政府的荣校工作方针：

一、使荣誉军人自战场下来以后能得到适当的休养；

二、使轻伤者休养恢复体力后能重上战场；

三、对于有学习能力的技艺者，经过一定的教育培养后可担任后方的适于身体的工作，继续为国家服务；

四、重伤、不治之症及老弱者，因其过去为国效力虽不能再继续服务，也应由公家供给、养老送终。

4. 延安荣誉军人学校

1938年12月，王群同志向中央汇报残废军人存在的问题和实际困难（此时，荣院又归中央卫生部管），毛主席、陈云、李富春、康生、滕代远、彭真、罗瑞卿、邱会作、肖劲光等领导听取了汇报。王群提出成立"荣誉军人学校"的想法，这样可以让伤残军人一边治疗，一边学习文化。

毛主席说："荣誉军人学校比教导院好，这样没有消极的方面，要按学校办，从积极方面办，变无用为有用。"同意将"荣誉军人教导院"改为"荣誉军人学校"，同时命令王群任总校校长兼政委。王群于1939年2月正式就任。

在作出更名的同时，又决定在陕甘宁边区成立总校。各根据地成立分校。毛主席还指示说，这些残废同志政治条件好、觉悟高，就是文化知识水平太低。只要我们加紧教育，待他们文化水平提高了，还能为党、为人民做更多的工作。

1939年1月，五个伤残军人分校转移到泾阳县云岩镇坪坊村，成立了"荣誉军人学校"（简称荣校）。王群任校长兼政委，此时学员2000多人。

组织机构有：校务处、政治处和教导处；校部编有两个警卫连，张思德同志曾经在警卫连工作。当时有学员2000余人，编为两个大队，大队下设中队。

设有医院：主要担任接收、看护伤病员以及对轻重学员伤病治疗的任务。

5. 荣校成立后

——创办了《荣校生活》内部刊物。毛主席亲自为《荣校生活》题写了发刊词："你们抗日有功，人民功臣，党和人民不会忘记的。你们不要骄傲，不要悲观失望，不要以功臣自居，要谦虚谨慎，要提高文化水平，提高以后，有的是工作，你们做不完的工作……"

——成立一个小剧团，由一些进入延安的文艺青年及荣校一些喜欢吹拉弹唱的轻伤休养员组成。小剧团组织排演过许多节目，如《十二把镰刀》《兄妹开荒》《逼上梁山》以及一些秧歌、秦腔、眉户等剧目，极大地丰富了当时荣校的文化活动，同时受到周围群众的欢迎。其中《兄妹开荒》《逼上梁山》还曾到延安中央礼堂演出。毛泽东、朱德、周恩来、彭德怀、贺龙、林伯渠等中央领导，观看了演出并接见了演出人员。朱德还为文工团取名为"雪花剧团"。

——1939年9月组织了一个手工业生产队。1939年5月，根据斗争形势的变化，为了安全起见，荣校又从泾阳迁到关中看花宫，对伤残休养员照顾、治疗，又于同年9月，组织政治、文化学习的同时，还挑选一批年轻、身体好、伤残较轻的同志，组织了一个手工业生产队，主要生产纸烟、粉条、肥皂等日用品和食品。为了完成上级交给的生产任务，荣校毫不例外地组织开荒、纺线、织毛衣等，都很好地完成了任务，受到了上级表彰。工作人员曾挑选伤残同志生产的几条纸烟和一双布鞋送给毛主席。毛主席收到后还亲笔写了一封信，并指示"要把工业生产搞好"。

▶ 荣校总务科同志们凑钱在下寺湾照相馆拍下合影留念，欢送何炳文调任陕甘宁边区抚恤委员会主任

▶ 随陕甘宁边区抚恤委员会主任何炳文转移，东渡黄河到晋冀鲁豫参加河北冶陶整风，同一个党小组的荣校干部：何炳文、谢才贵、马云峰

6. 荣校大搬迁

1940年2月，国民党发动了更大规模的反共浪潮，为确保伤残军人的人身安全，中央军委决定把荣校从关中看花宫迁往延安市甘泉县洛河上游的下寺湾。荣校不得不采取由边远地区向中心地区转移的行动。而这项搬迁工作非同一般，为此做了很长时间的准备工作。

1941 年上半年，为了加强荣校后勤管理工作，组织特将军委驻南泥湾办事处第四生产办公室副主任，因劳山事件负伤致残、左腿高位截肢的何炳文调到中央卫生部，直接分配到荣校任总务科长。卫生部领导明确对他讲，"残疾人管理残疾人比较方便"。虽然荣校已有副校长、政治部主任等领导，但管理工作问题仍然不少，尤其荣军的生活、劳动、家属、娃娃等方面亟须妥善安排。何炳文二话不说，带上怀孕的妻子蒲文清，从南泥湾奔赴关中看花宫。

关中看花宫，离延安甘泉县下寺湾有千里之远，其间还有一段是国民党统治的白区。同时地形非常复杂，道路艰险难走，还要翻越不少高山和深沟，有的地方又人烟稀少，找宿营地非常困难。加之大部分荣军因残疾行走不便，可以说这次搬迁是荣校有史以来最难的一次。

但是，荣校全体干部、轻重伤员、家属没有半点退缩。虽然条件差、时间紧、任务艰巨，但都积极准备，并要求自己尽可能不给或尽少给组织增加压力和负担。

荣校这次搬迁，有赖于地方党组织、政府和群众的大力支持与帮助。沿途所经村庄，男女老少都是一个村子一个村子地来回接力接送，凡是能用的车、牲口、扁担、筐、水桶、绳索、布条等都拿出来用了。还有不少老乡，把自己家舍不得吃的苞谷、豆子磨成面做成馍馍送到队伍里。就这样，经过一个多月的长途跋涉，历经千难万险，荣校终于在 1941 年 3 月底前后，一个不少地胜利到达下寺湾。

关于荣校的这次搬迁以及搬迁沿途的情况，王群同志在回忆录中有一点记载："部队机关学校转移比较容易。但是伤病员和残废同志要转移到另一个地方，就不那么容易了。"然而，到底怎么不容易？他只是说："因此，地方党和政府，动员群众用牲口和大板车，一个乡一个乡地来回接力，运送了一个多月，才完成了这次大搬迁。"这一个多月中，发生了多少事情、遇到了多少危险、涌现出多少感人事迹，恐怕永远也不会为世人所知。何炳文、蒲文清夫妇生前有过只言片语讲述，再没有发现其他。为什么？何炳文同志生前曾经讲过这样一段话："那两个月经历的危险，环境的残酷，生活的艰苦，休养员、大人、娃娃受的罪，没有谁能够讲得出。人倒是简单些，谁都不争当英雄模范，记在心里就对了。"他一条腿，整天马上马下，跑前顾后。裤子后面磨破、屁股蛋磨破血肉和裤子粘在一起；拄拐的两个腋窝完全红肿发炎不能触碰；一只右脚，因为鞋底磨破，满脚血泡。然而，除了马夫，没有第二个人知道。因为他是总务科长，这是他应该完成的工作。所以就连他的妻子蒲文清，也是在 1945 年底，他调离荣校拉话时，才听他说起。

7. 荣校在下寺湾安营扎寨

荣校全体人员，经过艰难跋涉，终于在 1941 年三四月份到达下寺湾。在下寺湾镇、下寺湾村和周围的闫家沟、田家沟、刘峁沟等几个沟老乡的全力帮助下，把休养员、家属和娃娃的搬迁队伍，只用不到两个月的时间就基本安排好了。乡政府动员老乡们为了尽快安置荣校伤残荣军，有的把自己住得好点儿的窑洞腾出来，有的把家中仅有的铺盖送上，有的把家中正使用的锅碗瓢盆、水缸、案板等，只要生活用得上的，什么都舍得拿出来。老乡们只一个心思：把这些伤残的战士安顿好，咱就对得起他们和他们的爹娘了。所以，下寺湾镇和下寺湾村的街上（当然没有什么街）、路边、沟下面、靠洛河近些的，住的都是些重伤残人员。

安顿好不久，荣校就接待了军委派下来慰问和检查工作的慰问团。荣校上下和周围的老百姓，可是高兴了一阵子。

毛主席特别派慰问团来荣校慰问，同时也是检查工作，并召开座谈会，主要是了解休养员们的生活、学习、医疗等方面的要求和对今后工作的意见、想法。休养员们特别高兴，据说，一些有意见的、牢骚多的同志都很感动，说还是毛主席想着他们。1941年的"五一"劳动节就是在下寺湾过的。当地老乡还在特别困难的情况下，杀了猪蒸了馍，到荣校慰问。休养员们也给老乡们表演了小节目。

1943年1月，荣校工作又从中央卫生部移交边区政府领导。鉴于荣校工作的实际情况，边区政府向中央军委要求，王群同志于2月重返荣校继续任校长、政委，直到1945年奉命调往东北结束工作。其间荣校的工作非常稳定，劳动、生产任务完成得非常出色。尤其是伤残相对轻一些的人，表现非常积极主动。边区政府在荣校开了一个展览会，他们得到了边区政府的通报表扬。

8. 1947年3月，胡宗南大举进攻延安，根据中央决定，荣校疏散转移

1947年2月，蒋介石抽调34个旅，共23万人，组成南、西、北三个集团军，在胡宗南的指挥下，向陕甘宁边区发动疯狂进攻，妄图一举消灭党中央。为保存革命实力，中央决定暂时撤离延安，但仍留在陕北，继续指挥全国解放战争。

1947年3月开始，荣校分为两部分疏散转移。

陕甘宁边区抚恤委员会主任何炳文同志，带领副院长刘笃玉，

政治部主任陈成炬、秦宗朝等，率领一支轻残军人队伍东渡黄河，奔赴晋冀鲁豫、晋察冀华北地区，准备参加山西和南下战斗。随何炳文同志东渡黄河后的荣校部分伤残人员，参加了河北冶陶土地会议，整风后，按军区命令，分别奔赴不同部队。大多数人都随被任命为晋冀鲁豫炮兵旅供给处长的何炳文同志，直接参加了解放山西临汾、晋中和太原的战役，北上石家庄后又南下四川参加剿匪。至此，荣校在延安的战斗生活就结束了。荣校，完成了它在延安的历史使命。

另一支由任廷辉院长，白占寓、刘耀山政委带领的陕西和外省籍的重残军人全部留在陕西，以后迁到山西省离石的孟马庄，又回迁到陕北靖边。1949 年又从陕北延安地区迁往陕西华山脚下华阴县直至今日，名为"陕甘宁边区第一荣誉军人教养院（总院）"。迁到陕西华阴县时名为"陕甘宁边区第一荣誉军人教养院"，又叫"总院"；迁到宝鸡时名为"陕甘宁边区第二荣誉军人教养院"；迁到甘肃平凉时名为"陕甘宁边区第三荣誉军人教养院"。

荣军——这是一个特殊的群体。无论在当时战争时期、边区大生产运动还是打响胡宗南进攻的延安保卫战中，都发挥了独特而有力的积极作用，涌现出不少陕甘宁边区的学习模范、模范工作者和劳动、生产模范。二等甲级伤残、陕甘宁边区抚恤委员会主任、荣军劳模、晋冀鲁豫军区炮兵旅供给处长何炳文同志，还特别受到晋冀鲁豫军区嘉奖。他是众多荣军中一个很有代表性的残疾同志。

延安的荣军工作以及延安"荣校"，在陕甘宁边区政府的工作中占有特殊的地位，并作出了特殊贡献。但是，当年的荣军工作者、荣军休养员，以及他们的家属、子女后代，在经过延安保卫战、转战陕北的几千里行军、三年解放战争，又经过历史岁月的洗礼，已经无法寻找到比较知情的幸存者。加之无论是当年还是后来，了解这段历史情况的人不多，即使研究延安十三年历史和地方志的部门，对此也是了解甚少。那么我们更应该设法寻史，以恢复荣校的历史和历史地位。应该让我们的后代了解、知道当年的荣军，在自然条件极端恶劣的情况下，在遭遇国民党反动派对延安实施政治封锁、经济封锁的同时，以及在狂轰滥炸的形势下，是怎样坚定信仰，以他们的残疾之躯进行着与天斗、与敌斗、与自己残疾斗的故事。让我们的人民和后代们知道，伟大的延安精神中，有荣军们的汗水、鲜血乃至付出的生命。

吃水不忘挖井人。珍惜今天的幸福，同时感恩为争取今天的幸福而抛头颅、洒热血的革命前辈。延安的荣军前辈们，尽管他们中间留有姓名的极少，尽管他们大多是无名的英雄，但我们永远怀念他们，永远感恩他们！永远宣传、弘扬他们的光辉事迹和伟大精神！我们对过去历史的感悟是："走过的是岁月，逝去的是浮华，留下的是财富，传承的是精神。"

所以，荣校的名字和几千荣军的光荣业绩，将永远地留在延安和延安人民的心里，永远留在中国革命在延安十三年的光辉历史上，永远镌刻在中国的革命历史上。延安的灯火永不熄灭！荣军的精神，也与伟大的延安精神一样，永不磨灭，永远鼓舞着一代又一代的中国人勇往直前！

所以，在下寺湾立碑、恢复荣校的历史地位，展示当年荣校的遗址和革命历史，与下寺湾现有的毛主席故居，将会向前来参观、瞻仰、缅怀的人民群众和青少年，提供更丰富、充实、生动的爱国主义教育内容与实物。

我们就应该赶快行动起来，在下寺湾首先恢复、保护好伤残荣军当年生活居住的窑洞，保护现有和继续追寻当年劳动生产工具，征寻史料、故事传说、老照片、相关回忆录，甚至找寻荣校后代、建立联络，等等。可因地制宜地建立一个纪念室，将荣校纳入下寺湾的革命历史中。在发现的一张 1952 年拍摄的照片上，门楼上方的小篆清楚地写着"荣誉军人学校"。而且，那个骡马大店，当年荣校曾经做过办公室，但很快就腾给重伤残人员住了。恰巧毛主席当年在下寺湾时住过的窑洞就在旁边。毛主席非常关心和尊重荣军，他多次在不同的场合讲过：要更关心荣军的工作、荣军的生活、荣军的待遇、注意听取荣军的意见要求和建议。为此，毛主席亲自发表讲话，亲自修订规章制度。只要我们注意一下荣校的历史沿革，就了然了。

▶ 当年的石磨

▶ 下寺湾毛主席故居旁边原大车店门楼上，小篆书写着：荣誉军人学校（据了解该照片拍摄于 1952 年）

　　我们期待着这一天。到那时，当年小小的我和荣校的孩子们，虽然而今已经白发苍苍，但也要回家，回到我们的第二故乡——延安下寺湾，去看望抚育过我们的乡亲，去寻找儿时的记忆，去瞻仰、缅怀荣校的老前辈，给他们敬一个礼、献一捧花，然后说：现在可以真正安息了！

▶ 下寺湾闫家沟荣校遗址

▶ 闫家沟荣校遗址

▶ 旬邑县荣校遗址

▶ 旬邑县荣校遗址

▶ 旬邑县荣校遗址

第三篇

难忘延安岁月11年

一、革命需要：看护排长转成售货员

1936 年 12 月底，母亲蒲文清所在部队到达延安后，驻军在离延安 15 里的延店村。战友们将按照组织的要求奔赴延安各个新的工作岗位。

长征时，母亲在红四方面军 88 师医院担任护士排长。她想，这次可能会分配她到延安的医院去当看护。但是，春节过后，她接到的通知却是去延安妇女商店卖鞋的工作。母亲心里一惊。但她明白革命工作就是需要，既然分配自己去商店，那肯定是工作需要。所以她很痛快地服从了组织分配，非常自信地打起背包到延安市场沟的鞋店报到。

母亲去了才知道，商店卖东西可不像她想象得那么简单。商店很小，但对账、盘货实在叫母亲头痛。母亲岂止是不认识钱，从小根本就没有见过钱。然而她并没有打退堂鼓，先从认钱开始，不厌其烦地向先来的、有经验的同志求教。学习中，对商店搬东西、整理鞋子、打扫卫生等都抢着干，这会儿真要调她去干别的，她还有点舍不得呢！

哪知好景不长，她被通知到延安北门内的中央二局当洗衣工，给那些学习无线电和报务的学员们洗衣服。这个调动让母亲感到有点意外。她以为会调她去医院，没想到又调她去做洗衣工。经领导介绍，得知这些学员中许多人都经历过斗争考验；不少人有知识有文化，放弃优越城市生活到延安参加革命；还有些陕北当地的年轻人，也冲破种种阻力积极要求参加革命工作。学校将根据工作需要，准备把他们培养成无线电和报务方面的专业人才。为了让他们更集中精力学习，所以在生活方面就关照得多了一些。

母亲虽然没有文化，也不识什么字，但领导讲的这番道理她听明白了。革命工作没有高低贵贱之分。所以母亲二话没说，去当了一名快乐的洗衣工。虽然她是洗衣工，但凡是为大家服务的事，她都抢着去做。她认为服务是为大家，所以无论什么事情、什么工作，自己多做一点都是应该的。

和母亲一起分配来的其他小女娃，不但羡慕她的能干，还都挺佩服母亲做事积极、主动、利落和能吃苦。她们说，走过两万五千里路的人就是和别人不一样。母亲对她们说："自己过去没有学习认字的机会，现在能为集中学习的战友们洗衣服也是很光荣的。"

1937年4月，中央决定在延长县办女职工工厂。组织上又考虑调母亲离开中央二局，和100多个单位推荐的几百个女战士，集中到延长县去参加办工厂。去的这些女同志，都是经过组织挑选的精兵强将。她们中多半是经过长征的红军女战士，觉悟高、组织纪律性强，个个能吃苦打硬仗。因办厂所需工人较多，又从云崖调集了4个连的女战士，也都集中到延长。

当领导找母亲谈话并说明组织的意图后，她心情很激动。没有想到，组织能调她去做这么重要的工作。虽然没做过工人，也没有文化，更不知道工厂是怎么回事儿，但她还是满怀信心地服从组织调动，离开延安的二局到延长女职工工厂工作。

但由于来自多方面原因主要是国民党的干扰、阻挠、封锁和破坏，无法开展工作，为避免不必要的损失，只好停止工厂的筹备工作，将这些集中起来的上千名女战士，另行分配到延安其他地方和单位。于是母亲就又面临着新的工作分配了。

就在这时，经杨金秀、于光银两位红军战士的介绍，母亲在这里，也就是在延长，于 1937 年 7 月 4 日，由共青团员转为没有预备期的中共正式党员。这就意味着从今以后，她要更严格地要求自己。母亲在心里牢牢地记住了：从这天起，自己不再是一个共青团员，要以党员的标准要求自己，在各项工作中很好发挥党员的先进带头作用。

二、组织信任：不认秤的伙食管理员

1938 年二三月份，组织突然通知母亲去富县的抗属学校报到，领导说她的主要任务是学习文化。

抗属学校是军委办的，刘小浦、胡德兰、魏公子等这些革命大姐，都是学校当时的负责人。学校有 5 个队，有孩子的都集中在一个队里。还不满 20 岁的母亲，去的是年轻女娃娃多的三队。这些学员是几个红军部队选送的，也有陕北红军和地方政府选送的。尽管大家来自四面八方，但相亲相爱，团结互助。

学校每天的生活很有规律，学习气氛很浓。因为他们这些学员入伍前都不识字，文化基础很差，所以在教员的讲授下，人人都非常刻苦努力。母亲记得何克春、郑光明、钟英桂等，都是她当时的校友。每天除学习开会以外，还有一些唱歌、队列、出操等活动，大家觉得很新鲜也很充实。然而，让母亲备感遗憾的是几个月后她们就各奔前程了。

几十年后，当她们在北京相见时，都抑制不住战友重逢的喜悦与激动。她们能回忆起短暂学校生活，甚至还能说出当年母亲当伙食委员时，因为不识字也不认秤的好多趣事笑话。因那时她文化水平低，斗大的字不识二升，买粮买菜不会记账，想用图画记下所买东西的分量和钱数，无奈自己不会画。母亲心想，组织既然让她这个不太识字、不会写字、不会记账，更不认秤的人当伙食管理员，自己总不能辜负组织的信任呀。

她的战友们说，文清为了把账记清楚，居然能挑上一大担柴，走十多里路，去找其他大队的司务长帮助过秤、记账。有的战友说她傻，而大多数战友们夸她实在、能干、能吃苦，认真、负责、忠厚老实。母亲不管听到什么样的话，都继续好好当她的伙食管理员。虽然不怕别人笑话，但母亲暗下决心努力学习文化。她相信没有学不会的！

母亲想方设法把伙食搞好。说实在的，她除了在地主家和她的恶大娘家煮过猪食而且吃的也是猪食，从来就没吃过正经粮食啊！现在领导让她管伙食，她自然把每一粒米、每一把面、每一颗豆、每一根菜、每一滴油，看得比什么都重。她要求自己不能有丝毫的大意和浪费。为了调剂伙食，把有限的几样菜和小米、粗面、杂豆等，做得好吃一点。为了节约开支，也为了让大家吃得顺口一些，她学习腌菜和泡泡菜。她不顾自己劳累，把萝卜、豆角、苘子白（洋白菜）、蔓菁等洗净晾干切细，腌成咸的、辣的、酸的各种味道。菜虽粗粗拉拉，但开饭时大家都抢着吃。不管是四川的、甘肃的、江西的、贵州的、青海的还是陕北的，都夸她的菜腌得好。

母亲还发现，腌咸菜、晒干菜、泡泡菜，都比炒菜节省伙食费。她想自己劳累些没关系，只要能让大家吃好、能为公家节省就是最重要的。因此，她的伙房里外都是腌菜的缸和晒菜的绳子。

冬天是比较难过的。粮食还有些，可一片儿青菜也没有。同志们也不能饿着肚子出操上课学习，更不能饿着肚子干活儿。母亲到底是吃苦长大的孩子，她一边腌咸菜、泡泡菜，一边组织没有课的学员晾晒干豆角、茄子片、长豇豆，甚至还晒些野菜。等冬天没有青菜的时候，这些干菜可都成宝贝了。尤其赶上杀猪，一大锅猪肉炖干菜，可是让大家都开了洋荤。

母亲是伙食管理员，但只要是伙食班需要的就是她的工作。她常常利用休息时间，设法改善大家的伙食。大家看她从早忙到晚，天天都是乐呵呵的。同学们喜欢她，更体贴她、支持她，也常向领导反映母亲能吃苦、能干，还夸奖她勤俭节约、伙食管得细管得好。学校领导刘筱圃同志也几次夸奖母亲说："你咋弄那么好嘛！"母亲听罢，表面傻傻地一笑，而心里却觉得甜甜的。她对自己说："蒲文清，这是革命工作，以后要做得更好些才是！"因而要更加提高自己的政治觉悟和文化水平。所以，她一边做管理员，一边跟别的同志学习常用字。慢慢地，那些菜的名字她都能写得出来，也能认秤了，甚至还教其他姐妹认秤杆上的星星代表几斤几两。

母亲对自己在抗属学校的每一点进步都看得很重。她认为参加红军是她革命的起点，抗属学校所学到的东西，是她今后做好工作的基础。她常常自勉：只有共产党的队伍里，才会有人的平等和尊重。这种平等和尊重，是她一辈子为群众服务的动力。所以母亲一生讲究不为名、不求利，只要求自己的工作让同志们和群众满意。

三、思想升华：在抗大听毛主席作报告

中国人民抗日军政大学简称"抗大"。抗大的原校址在延安城内二道街。1938年日寇空袭延安后，就搬到了东关的黑龙沟。这可是一所名震四方的革命学校。是中国共产党为中国革命培养干部的摇篮。是全中国革命青年无限向往的地方，也是母亲十分向往的地方。

母亲在抗属学校学习半年时间还没到，突然听到延安抗大招生的消息。她万万没想到，领导给了她这个天大的喜讯：立刻给她开了介绍信，让她马上到延安去找抗大招生委员会报名，还嘱咐她千万不要错过机会。于是，她和其他几个女战士一起背上背包，从富县向好几十里远的延安出发。

等她们风尘仆仆赶到延安，却没有找到抗大招生委员会。后听说招生委员会在安塞，她们又急匆匆赶到离延安70多里的安塞。到安塞才知道，抗大招生委员会没有疏散出去，就驻扎在延安东关清凉山的半山坡上。于是，母亲她们几个又马不停蹄地返回延安，终于在东关外清凉山半山坡上的窑洞里，找到了抗日军政大学招生委员会。

当时与母亲同去的潘家珍、贺玲、钟玉萍、王克（王子鸣）、何玉兰等十几个女娃，高兴得手舞足蹈。她们争相挤进屋里去报名，都如愿以偿地成为 1938 年抗大的学员。母亲被分在八大队二区队。八大队的主任，是赫赫有名的红军女将张琴秋同志。

母亲入学后最兴奋的，是领到一副崭新的红领章。她拿在手里觉得沉甸甸的，左看右看爱不释手。因为母亲心里明白这副领章所代表的意义。

母亲参加红军长征前，曾领到一套半新不旧的灰军装，衣领子上还缀着一副红领章。但是，这件灰军装和红领章却没能陪伴母亲走过长征，而是脱下盖在了牺牲战友的身上，被永远地留在了雪山。

到抗日军政大学学习，实现了母亲的愿望。

母亲在抗大学习最引以为豪的，是亲耳聆听毛主席做的时事报告。当时人很多，一人坐一个小板凳，排列很整齐。大家都把手放在膝盖上一动不动，聚精会神地听。虽然不太听得懂毛主席的湖南话，但大概听明白了：号召我们中国人民团结起来，共同抗击日本帝国主义，最后的胜利必定属于我们。

母亲最留恋和难忘的，是"团结、紧张、严肃、活泼"的校风和学习生活，以及她在这所大学里学会了许多红军和抗战时期的革命歌曲，如《当兵就要当红军》《过党岭山》《八月桂花遍地开》《打靶歌》《战斗学习歌》《前进歌》《晋东南进行曲》《红旗在飘扬》《抗日军政大学校歌》等几十首。后来，母亲不但能哼唱出这些歌的曲调，而且成为她一辈子最为珍贵的财富。

母亲还记得抗大那嘹亮的军号声，起床、集合、出操，尤其令母亲亢奋的是，开大会或听报告前，各班各队在文艺委员的带领和指挥下，那此起彼伏的拉歌声。就这样，"革命歌曲大家唱"深深地植入她的心底。2009 年 9 月 27 日，在北京饭店金色大厅举办的庆祝中华人民共和国成立 60 周年活动中，母亲头戴灰色八角帽，腰不弯、背不驼，不用人扶走上台高歌《没有共产党就没有新中国》。在她的激情感染下，全场 300 多人起立，和着声音和拍子共同唱起大家心中的这支歌。

母亲在抗大八大队二区队，经过近半年的学习后，思想政治和文化水平都有了一定的提高，学校分配她到延安清凉山中央印刷厂当了工人。

四、寻人 70 年：老照片背后的故事

　　这张照片，拍摄于 1937 年 3 月 21 日前后延安市场沟的照相馆，右边是父亲何炳文，左边是他在红军总部联络处工作时的战友胡金魁。虽然已经过去半个多世纪，然而照片上的人和照片背后的故事却依然清晰，感人至深。

　　这张照片被父亲视若至宝，父亲生前一直将照片珍藏在自己贴身的衣兜里，从不离身。1968 年 7 月 9 日父亲去世后，我发现这张照片，因为被父亲藏在一个不起眼的小本本的夹层里，躲过"造反派"的抄家浩劫，幸存下来。

　　这张照片对于我的母亲及我们全体家人、亲朋好友来说，显得格外珍贵。因为这是我父亲五十年人生中唯一的全身照。父亲一直寻找当时带他去照相的红军总部联络处胡金魁同志，但是从部队找到地方，从解放战争找

▶ 父亲与战友在延安照相馆合影

到他"文化大革命"被迫害致死前，始终都没有获得任何消息。

它是父亲一生唯一的一张全身照，否则我的母亲永远不会看到自己的伤残丈夫，原来也是个英姿勃勃、伟岸挺拔的壮小伙子；我们兄弟姐妹，永远也不会看到我们的父亲标准的军人气质和形象；我们的子孙后代，永远也不会知道他们的祖先，原来有如此光辉动人的军容军貌。

功夫不负有心人。73 年之后的 2010 年元旦后不久，在延安革命纪念馆副馆长霍静廉的帮助下，我联系上了胡金魁的女儿。似乎是两个老战友在相互惦记、思念、寻找 73 年之后，突然相逢、紧紧拥抱。我在想，如果父亲当年能准确知道这位同志的名字，何至于苦苦寻觅了这么多年呢！

父亲，还有个问题需要向你说明，那就是东妮在来信中写道的："我父亲叫胡金魁。他浓重的江西口音，令别人都叫他傅锦魁。"父亲，这该是个重要的说明与更正吧。若不是东妮纠正了这个"历史性"的"错误"，那么"傅锦魁"这个名字，就会永远在咱们家或者历史中误传下去。

▶ 中间为胡金魁女儿东妮。两家人的后代联系上后实现了历史性会见，了却了几十年两代人的心愿

现在我深感欣慰，因为我不但找到了历史故事中活着的人，而且更重要的是，我找到了这张老照片的归宿：延安革命纪念馆。我们将这张照片连同父亲 1938 年在延安第二次锯腿的照片同时捐赠给了纪念馆。或许将来某个时候，这张老照片会有幸出现在纪念馆市场沟照相馆里的墙上，向前来瞻仰、缅怀、参观、学

习、接受革命传统教育的人们
述说父辈们当年的故事。

交际处的胡金魁同志，是
名经历了长征的红军战士，当
年已经是个很有工作经验的老
同志了。他是斯诺先生访问延
安的全程陪同，由于忠诚可靠、
工作出色，特别受周恩来副主
席和总部首长的信任。就在父

▶ 胡金魁 1955 年全家合影

亲到联络处三个多月后的一天，他挤出自己一点点宝贵的休息时
间，带父亲到延安市场沟的照相馆拍了这张合影。殊不知，这竟是
父亲一生中留下的唯一一张全身照。从照片背面的毛笔留言看出，
这一天是 1937 年 3 月 21 日，一个月后父亲便在执行任务时负伤致
残，左腿高位截肢成了残疾人。但伤残的他以自己的行动证明了：
革命工作中没有残疾人，战场上同样也没有残疾人。

照片上两个生前没有机会相见的红军老人，73 年后两家的儿
女不仅联系上，而且还有幸于 2010 年 7 月 30 日，奇迹般地在北
京"历史性见面"了。这次见面，是对两个革命爸爸最好的抚慰
与祭奠。

▶ 父亲何炳文时任陕甘宁边区抚恤委员会主任，率领荣校部分荣军东渡黄河

▶ 父亲手术后的照片

用我们能寻找到父亲穿军装的照片寄托我们对他的怀念

五、劳山事件：何炳文为保护周恩来负伤致残

何炳文于 1918 年出生在西安市雁塔区裴家堼村一个农民家庭。1932 年，在中共地下党员樊铭枢、刘顺明的介绍下，14 岁的他进了十七路军汽车修配厂成为一名学徒。由于表现出色、忠诚可靠，不到两年时间，何炳文被调至杨虎城将军及夫人谢葆贞身边开车，成为杨虎城贴身司机张万里的徒弟。1936 年作为司机助手与杨虎城将军同车到临潼"西安事变"现场，他严格遵照师父不准下车的要求，一直守候在车里。"西安事变"后不久，即在地下党刘明顺和张万里的介绍下，在西安七贤庄的红军秘密交通站入伍。

1936 年 12 月下旬，何炳文接到执行任务的命令，替杨虎城将军给周恩来副主席送一部汽车，另带三封信（一封是杨虎城将军给周副主席的亲笔信，一封是西安地下党张国人给毛主席的信，还有一封是地下党的介绍信）。到达延安后，周恩来副主席、叶剑英总参谋长接待了他，并被周恩来副主席安排在红军总部交际处做司机。因不能暴露身份，仍穿十七路军军装、三接头皮鞋，每月拿100 元津贴，处处受到周恩来与邓颖超的关照。

1937 年 4 月 25 日，周恩来等 20 余人从延安出发，准备赴南京同蒋介石进行有关红军改编等问题的谈判，车队行至延安甘泉县

劳山山口处时遭到一股土匪的袭击。周恩来和部分随行人员冲出重围，返回了红军在三十里铺驻地，而延安卫戍司令部参谋长陈友才等十余名同志壮烈牺牲。

事件发生时，和周恩来坐在同一辆车上的司机助手何炳文，在发现司机已经牺牲，而自己左膝被机枪射伤严重的情况下，拼命将周恩来推下车，而自己则晕倒在车上。事情过后，因延安医疗条件有限，在红军驻西安联络处（八办的前身）的安排下，何炳文被送至西安广仁医院治疗，不幸因伤势过重被截去左腿，不足 19 岁的何炳文成了二等甲级残废。治疗期间，他怕自己年纪轻轻截肢后不仅不能继续工作，还要被组织照顾一辈子，所以坚持要求自己：一是要回延安继续工作；二是不能向组织提出任何要求和条件，增加组织的负担。

在西安治疗两三个月后，何炳文毅然回到延安。一种回家的感觉让他既高兴又踏实。尤其是周恩来夫妇的关怀与照顾让他更加感动，一再表示要好好工作，用行动报答组织、报答周恩来夫妇的恩情。之后，何炳文到柳林军委交通管理汽车站任站长。不幸的是，不久以后何炳文左腿发炎。考虑到节省费用，他拒绝了组织送他去西安治疗的要求。在延安中央医院的美国援华外科医生马海德为他做了第二次截肢手术，将左腿残处至胯骨再截取一半。

1940 年以后，何炳文先后任军委驻南泥湾第四办事处、南泥湾农场任生产科长。1941 年调任中央卫生部所属延安荣誉军人学校，任生产科、管理科科长。1945 年作为荣军当选陕甘宁边区劳动模范。1947 年按照中央部署转战陕北，胜利完成东渡黄河到达晋冀鲁豫边区。1948 年参加冶陶整风的土地会议后，被晋冀鲁豫军区任命赵章成为旅长的炮兵旅供给处长，并负责组建炮兵旅供给处。后随部队番号改变任华北军区炮兵第一旅后勤供给处处长，西南炮兵供给部政委等职。参加了解放太原、临汾的战役，创造了战场上没有残疾人的传奇。新中国成立后，何炳文转业至中华人民共和国交通部，曾任交通部办公厅副主任兼党总支书记。1968 年"文化大革命"时期不幸被迫害逝世，时年 50 岁。英年早逝啊。

何炳文在血与火的革命战争中，克服了难以想象的困难，始终表现出一个革命战士、一个共产党员高尚的情操，其短暂的一生始终坚持为国家和人民鞠躬尽瘁。

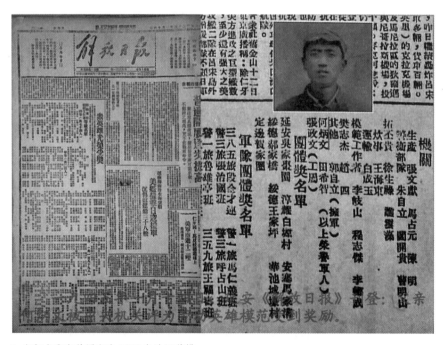

▶ 何炳文代表荣军当选 1944 年边区劳模

▶ 延安革命纪念馆展览的延安时期劳动模范名单

　　我们对您父亲真的非常敬佩，那么小的年纪残疾了，还以那样坚强的意志为革命事业奋斗，而且不把自己当残疾人，严格要求自己和家人。这种精神和觉悟是我们学习的榜样。他不仅是您生命里一盏不灭的灯，也肯定能点亮所有了解他光荣事迹的人们的心。我们纪念馆就是要把革命前辈的这种精神宣传出去，并永远流传给子孙后代。向您父亲致敬！（西安八路军办事处纪念馆，段诗洋）

▶ 延安甘泉劳山事件纪念碑

▶ 何丽用心擦拭碑上的浮土，祭奠劳山事件革命前辈

▶ 劳山事件发生在 1937 年 4 月 25 日上午。2013 年 4 月 25 日何丽与老伴带着弟弟妹妹前往延安甘泉祭奠劳山事件中负伤致残的父亲

六、组织介绍：蒲文清与何炳文结婚

　　当年在延安地区驻扎的机关、部队以及生产单位里女同志比较少，像母亲蒲文清这样正值青春年华、朝气蓬勃、积极向上的红军女娃娃们，成了男同志们尤其是一些领导干部找对象的主要目标。1939年底，经组织介绍母亲果断选择了左腿高位截肢的伤残小科长何炳文，在南泥湾结婚成家。

　　母亲为什么顶着各种舆论压力，在男多女少的延安放弃了领导、战友给她介绍的年轻有为、有官位的干部，而选择了何炳文呢？

　　当年，她了解到何炳文是为革命受伤，并被他虽然失去一条腿，还立志做一个残而不废的人深深感动。出嫁的理由就是这么简单。

　　母亲认为，结婚是和这个人结婚，不是和职位、权力结婚。没有谁是为职位高低、权力大小参加革命的。她了解到何炳文虽然是一条腿的残疾人，但不是残废。他很坚强，革命意志坚定，不怕工作和生活的艰难。他为革命负伤但决不依赖组织养活，自食其力继续工作，这是母亲对父亲最为佩服和感动的。她信任组织的介绍。何炳文的自信、不自卑和不虚荣，使母亲觉得这个人不但值得她学习，更值得她尊敬。母亲认为，不找何炳文这样的同志还找什么样的！难道嫁给残疾人就丢人、矮人一截吗？更何况，他腿残心不残呢！

就这样，在延安有那么多优秀男同志，有那么多优秀指挥员，有那么多经过长征的红军干部，有那么多热心媒人给母亲介绍对象的情况下，她义无反顾地选择了与伤残的何炳文结婚。

他们结婚30年来一起战斗、工作和生活，相濡以沫，证明了他们是一对真正的革命好夫妻，在共同生活中，无论遇到什么情况，他们从来没有争吵过，更没有过埋怨。倒是母亲，时常感到对父亲的生活照顾得有点不周，但父亲却从来没有过这样的想法。多年来，我常常看到父亲下班回来，本该是吃饭的时候，可家里却是冰锅冷灶。他二话不说，自己动手和面做饭，而且还哼着他最喜欢的陕西秦腔，全然看不出他是个需要母亲照顾的残疾人。母亲曾不止一次对我说，别看你爸爸缺一条腿，他什么工作都完成得特别好。他党性特别强，特别聪明，特别爱学习，特别会做群众工作。她找他可不亏。就是这简单的几个"特别"，就足以看出母亲对父亲是佩服的，她选择与父亲结婚是满意、幸福和自豪的。

他们无私忘我、艰苦朴素、努力奋斗和全心全意地为人民服务的精神，他们对待名利地位、金钱待遇、子女上学参军就业，他们清正廉洁从不假公济私。对待亲情、友情和同事战友之情，一贯恪守原则，严于律己，宽以待人。一句话，他们没有任何一点私欲、贪欲和占有欲。父母的这些行为品质，不但对我们子女的成长有着潜移默化的影响，而且也成为我们的家风。即使在父亲逝世后，母亲不但坚强地扛起了这个家，而且继续保持并延续了这种家风，使我们这几个孩子继续受益而健康成长，更证明了母亲当年对父亲的选择是对的。

母亲从 1939 年和父亲结婚至父亲 1968 年去世，他们携手走过了 30 年的婚姻历程。其间虽然历经战火硝烟、物质贫乏、社会动荡等各种艰难险阻，但他们始终乐观坚强、互相鼓励、互相支持、互相理解。在母亲的心中，父亲是她的丈夫，更是她极为尊重和信赖的革命同志和良师益友。可以这样说，父亲虽然身体残疾，但在母亲的心里却是无比完美的，他有着完美的品行、情操和不尽的人格魅力。

七、生产先锋：荣校小钢炮蒲文清

1941 年"五一"过后，母亲怀着我的肚子很显大了，起居干活儿已经明显不方便。可是她毕竟年轻，体力和精力都好着呢。所以不管是校部安排的生产劳动，还是自家种菜、养猪、养鸡啥的，干起活来一点也不含糊，谁劝都不听，并且还沟上沟下地走东家、串西家，没个停闲。好多人都说"这文清厉害"。

这年 8 月我出生了，母亲还不知道怎么坐月子。刚生下我没几天就屋里屋外到处跑，更是不顾冷热，什么受风不受风的根本不管。荣校的阿姨们犟不过母亲，对这个四川小蛮子也没有办法。后来，不知道谁开玩笑说，干脆给她起个名字叫"小钢炮"算了。于是乎，母亲由此得名"小钢炮"。这个名字，差不多一直延续到1948 年的晋冀鲁豫炮兵旅妇女大队。

母亲心想，你们不是喊我"小钢炮"吗？好啊，我就是要跟小钢炮比一比。这可好，母亲这么一比，从部队比到地方，从年轻比到年老，一直到 93 岁还在比。随着年龄越来越大，母亲嘴虽硬但已感到心有余而力不足了，但她还是一步不停歇地做着自己能够做的事。因为她还不服输，更不想服老！

那时母亲和机关工作人员及一些能参加劳动的休养员开荒种

粮，整地种菜，伐树烧炭，捻毛线纺棉花，养猪养鸡。或者打窑洞平院子，有时也领着大些的孩子上山挑野菜、割猪草。总之，母亲什么杂活儿都干。

王群校长，每每看到母亲扛着工具，头发贴在脸上的样子，知道她很劳累，总是免不了夸上她几句："你这个四川蛮娃子好威风呀！""你这个小钢炮，可不要累哑了啊！家里大人娃娃还要靠你啊！"他还特别欣赏母亲的泼辣和能干，常说："别看文清个子小，什么活儿到她手里都是喊哩喀嚓、干净利落，风风火火，从不拖泥带水。这就是革命的好作风嘛！哪个人那么聪明，给小蛮子起了个'小钢炮'的雅号，好嘛！"

那时大家的生活很艰苦，天大旱就没有一点儿菜吃。肉，更没个盼头。因为人吃粮食都很困难，哪有泔水给猪喂？"小钢炮"蒲文清就把几个月大的我扔下，前山后山寻找能喂猪的草。功夫不负有心人，她终于找到灰条等好几种野菜，终于把闫家沟的猪养起来了。她喂的几头猪可肥了。逢年过节，哪头猪都能杀个一二百斤肉。这些肉和骨头，好的送给一些不养猪的或身体残疾不能劳动的休养员。剩下的，留点自己吃。那些皮皮拉拉的就腌起来，什么时候想吃什么时候就拿出来享用。

母亲还喂鸡。她喂的鸡也又肥又大。母鸡一天下一个蛋，还有很多双黄蛋，看着可让人喜欢啦！谁家有生孩子坐月子或其他什么喜事的，母亲都会送些去。可家里的鸡蛋轻易不会给我们吃。

母亲开荒地种的西红柿、豆角、土豆、蔓菁、茴子白等好多青菜，自己吃不完，送人也送不完。同一排窑洞的焉秀英、唐照国阿姨家孩子多劳动力少，母亲没少帮助他们。她看着大家共同分享这些劳动果实，心里高兴极了！

延安的春天来得晚，天气冷，风沙大。四月天才见树上的小芽芽。而母亲和劳动的人们，却早早地走到了春天的前头。每日天放亮的时候，那开荒的山地头和伐木林里，早已是人声鼎沸。而我和弟弟则还在炕上睡觉。

延安的夏天，总是站在太阳底下干热干热，躲在树荫下就感觉凉丝丝的。母亲和她的战友们，每天都是冒着酷暑奋战在荒山野岭上，开荒种地。母亲走时，总是把弟弟放在早已挖好的土窝子里。母亲怕给别人添麻烦，就在土窝子边上放点吃的喝的。吃的，无非是剩馍和烧土豆、蔓菁；水，是从缸里舀上的一瓢。母亲倒是从来不忘记往坑里铺点干草，弟弟的尿就漏到草下面去了。这样，母亲就能放心地走一天。

秋天，是收获的季节，也是母亲他们一年最忙碌的时候。我们只知道，母亲每天都特别忙、特别累。她忙完了公家的劳动，还要管理自己家的生产。我和弟弟，几乎是在窑洞外的院子里或菜地里，从春天过到秋末。

冬天，是一年最冷也是天最短、黑得最早的时候。别人家，会早早把炕烧得热热的。孩子们在炕上玩儿，大人们主要是妈妈们，赶紧抓紧时间做针线活儿。母亲劳动生产是一把好手，可她的针线活儿却差点劲儿。不过要说快，全荣校也没有几个能比过她的。她要是想给我们谁做双鞋，用她的话说是：粗针大麻线结实，不露脚趾头就行。你可以穿着这只等她做那只，穿着衣服等她钉纽扣。

母亲，并不因为冬冷寒天就闲下来。因为她有很多很多活儿都是要在冬天不能出门的时候干的。即使是这时候，她对孩子的照顾也特别简单，那就是渴不着、饿不着、冻不着、摔不着。因为，母亲似乎就不懂得什么是娇惯溺爱。

"小钢炮"与陕北女人一样有自己生孩子、自己剪脐带、自己收拾月娃娃的本事。她每次都是感觉孩子马上就要生出来了，才去烧一锅热水，才把要用的东西准备好，然后爬上炕等待小生命的来临。你要是听她讲怎么给孩子剥衣胞、剪脐带、抠小嘴里的脏东西，以及怎么放在盆子里洗，都会惊出一身冷汗。母亲曾经对采访的记者说："我自己接生的孩子挺好，都结实着呢。我生他们的时候，他们就像小炮弹，嗵嗵嗵就滚出来了。"说完，就是一阵朗声大笑。你不能不奇怪，在母亲"小钢炮"手里，如此脆弱的生命，竟会变得如此坚强。

母亲在延安的岁月里，无论在哪个单位，始终是这样忘我地工作和劳动。战友们夸奖她说：文清啊，着实地没有辜负"小钢炮"这个名号。可实际上，母亲要比小钢炮厉害多了。

八、快乐时光：一排窑洞的邻居们

这张照片是 1947 年春节后，一排窑洞邻居的几个孩子一块照的。3 月下旬疏散转移就分别了。

父母到荣校的第一件事，没有去住为他们准备好的窑洞，而是选择了在下寺湾闫家沟的一个山坡上，并且已住有四家的一排窑洞的一眼旧窑。这四家都是经历过长征的红军夫妇。他们是陈诚钜、焉秀英一家，周万成、唐照国一家，贺怀恩、苗玉香一家，以及马云峰、谭新华一家。这样，加上父母亲一家总共五家。大人孩子加起来二十五六口人。人口虽然多，各家习惯也不同，但相处得特别和睦，大家有难同当，有福同享，其乐融融。战争时期的延安人就是这样生活的。从各个家庭展现出来的，是延安人紧张中的从容，是艰苦中的乐观。

荣校政治部主任陈诚钜、焉秀英夫妇，是父母窑挨窑的邻居。陈叔叔腿虽有点瘸，劳动却是一把好手，父亲与他一块儿工作配合挺好。焉阿姨走过长征，湖南人，特能干，可脾气特别坏。她是荣校有名的"母老虎"。不过，她与母亲的关系不错。她的女儿荣香、荣珍，跟母亲和我们挺亲。

周叔叔和唐阿姨除了忙公家的劳动生产，也同荣校其他的家庭一样，还要开荒种菜种粮，养鸡养猪。因为只有生产搞好了才能吃穿不用愁。而他们家有四个未成年的娃娃，不管他们怎么能干，养活孩子可不是个轻松的工作。尽管如此，当年这个一条胳膊的残疾人，始终是拼命、实干加苦干。这样，他家的日子不但过得红红火火，还向公家交售了许多劳动成果。

苗玉香和贺怀恩也是一对红军夫妇。苗阿姨长征时，曾照顾过邓颖超同志。虽然那时她还是个入伍不久的小姑娘，但却很好地完成了照顾生病的邓颖超的任务。红军长征到达延安后，她并没有以这段经历为荣，而是服从组织分配，到延安被服厂当了一名普通的工人，以后因出色的工作表现被提任厂长。1946 年，她和丈夫贺怀恩调到荣校，在轰轰烈烈的大生产运动中，表现得尤为突出。父母对这对红军夫妻也是充满了好感和尊敬。

总务科的老红军马云峰叔叔是安徽人，他的夫人谭新华阿姨是四川人。母亲后来回忆说，他们到荣校之前，马叔叔是在驻地刘峁沟的一个休养院，谭阿姨是那里的护士。他们从刘峁沟搬过来后，住在我们一排窑洞的左边。他们的大儿子是在保安生的，所以取名叫保安。他们还有个女儿叫春林。保安比我大弟弟大一岁，可没有我弟弟那么淘气。所以，马叔叔和谭阿姨就比我母亲省心得多。无论他们工作、种地、养猪、养鸡、上山伐木烧炭，都比我母亲踏实多了。所以，母亲总是很羡慕他们。

我们两家，于 1947 年 3 月一块儿离开下寺湾过黄河。在向晋察冀边区太行山转移的路上，不管是集中还是分散行军，都没有长时间地分开过。1947 年 10 月前后进入河北后，马叔叔和我父亲还同在一个党小组，参加了冶陶为时三个月的整风。

当年儿时的我，如今已有了隔辈人。每当看到我们住一排窑洞的几个孩子分别时的照片，无数往事便涌上心头。因为我们不仅住在同一排窑洞，而且在一起渡过了艰苦而快乐的童年时光。

九、艺术滋养：两代人的"鲁艺"情结

　　延安鲁迅艺术学院简称"鲁艺"，是革命艺术家的摇篮。无论根据地的还是敌占区的革命文艺工作者，无不向往这里。虽然它在离荣校有200里的延安桥儿沟，但这并没有影响它在父母心目中的神秘感、吸引力和别样的情怀。这种情怀，不但感动着他们自己，也感染和影响着我们这些后辈娃娃。

　　"鲁艺"人，这是当时延安的人们对在"鲁艺"工作和学习的艺术家们的通称，也是对他们的喜爱和尊重。因为他们中的大多数不仅是艺术家、画家、知名作家、音乐家等，而且是革命者。他们向往革命，向往延安。当他们不畏艰辛、冲破封锁、冒着敌人的炮火到达延安后，在党中央的领导、爱护、支持、培养下，接受革命思想教育，积极、热情地投入革命文艺的创作之中。人民音乐家冼星海，就是他们当中最杰出的代表。他创作的《黄河大合唱》，热情歌颂中华民族源远流长的光荣历史。它唱响了中国，也唱响了世界。

　　父母热爱"鲁艺"，因为这些住土窑，穿着灰色军装，吃着与大家一样的小米、土豆、腌酸菜、蔓菁疙瘩等粗茶淡饭的知识分子、艺术家、音乐家们，喝着与大家一样的延河水。他们每天出操、开会、上课，他们的生活、学习、工作，充满着无限活力，散发出浓郁的革命气息，展现出动人的风采。父亲把这些称为"延安的代表""延安符号"。虽然"鲁艺"在桥儿沟，离甘泉的荣校有点远，可它在母亲的心里却近着呢。

父亲和母亲最为赞赏的，是"鲁艺"有关革命题材的文艺表演带给边区人民全新的认识和感受，唤醒了尘封在祖祖辈辈百姓心中的希望和期盼。这就是当年提起"鲁艺"，人们的心中自然而然地涌动起热情和激情的原因。即使是周边几十里的老乡们，提起"鲁艺"也都显得特别的熟悉和好感。许多人都如数家珍，就连下寺湾这里的闫家沟、刘峁沟、田家沟的老乡，都能说出"鲁艺"演出过的歌舞、快板、活报剧的名称，以及剧中人物的名字，这似乎是当时人们的一种光荣和自豪。当时我年纪太小，完全不懂父母为什么会放心让我去百十里外的延安"鲁艺"玩耍或看演出。在我逐渐长大后，慢慢懂得了父母的用心，并对他们的做法感激之至。

父母喜欢"鲁艺"，更爱看他们的演出。但因为下寺湾离延安150多里，离桥儿沟更远，工作生产劳动又特别忙，家里又有孩子，即使有好的演出，他们也很难有机会去看看。即使他们去不了，也会托特别熟悉的人带着我去。于是，我成了荣校那么多孩子中最幸福的人。因为我不但看过"鲁艺"的很多演出，而且还认识那里的好多叔叔阿姨。

我记得，只要我前一天去了"鲁艺"，第二天，总有好多孩子围着我问东问西。我呢，就很得意地一边说给他们听，一边把零散的记忆比画给他们看。我也时常比画给父母看。记得当年，父母特别爱看我挥动小胳膊、扭动小屁股跳的秧歌，爱听我唱的那些不成调儿的歌。

母亲爱唱歌。每当她唱起《夫妻识字》《兄妹开荒》等一些歌曲的时候，总是特别投入。而且只要唱起来，她就兴奋得刹不住。要是有"鲁艺"到荣校慰问，母亲就会拉着大的、抱着小的，早早地去戏台占地方。因为那里地方很小，看的人又多，去晚了连站的地方都没有，更别想坐着了。其实，母亲带我们去看演出不是她的主要目的，主要是借这种机会，母亲可以痛痛快快宣泄自己的快乐。演出时，她会跟着演员哼唱，会随着大伙尽情地鼓掌叫好，有时也会随着剧情流泪或喊口号。所以，母亲由衷地热爱、感激"鲁艺"，她愿意让我去"鲁艺"玩儿。我在那里，可以学到很多很多的好东西。慢慢地，在我幼小的心里，对"鲁艺"也有了一种特别亲切和向往的感觉。

"鲁艺"有个从荣校剧团调去的阿姨叫赵桂兰。她是从西安来的，来时叫赵桂兰，后改名叫李莎。她和我父亲是陕西老乡，秦腔唱得好。她特别喜欢我。在荣校剧团时，她就经常接我去玩儿，有时还留我住下。我记得，有一回还把她家的炕给尿了。当时我吓坏了，可赵阿姨却像没事一样，以后照常接我去玩。要不是以后我自己跟父母讲了，家里都没有人知道这件事。

她调往驻地桥儿沟的"鲁艺"后，我们隔着80多公里，接我去的机会少了。儿时的我，只要听到《兄妹开荒》《十二把镰刀》《延安颂》《太行山上》《山丹丹花开红艳艳》《黄河大合唱》《夫妻识字》等歌曲的旋律响起，我即满怀深情，感动不已。这种情怀，这种感动，来自父母，来自延安，来自"鲁艺"。当然，也来自赵桂兰（李莎）阿姨。

很遗憾，从 1947 年分开以后，我们再也没有见过面，也没有听到过有关她的任何消息。父母不止一次说起过她：不知道是否活着，在什么地方；结婚了没有，有几个孩子。父亲逝世后，母亲心中还依然对赵阿姨充满怀念。曾托人四处打听，但都没有得到什么具体消息。去年在一次朋友聚会上，偶然得知赵阿姨在新中国成立后一直在陕西省工作，还曾在西安市文化局任职，20 世纪 80 年代调到北京故宫博物院工作。但遗憾的是，她去了美国。这多少让我感到有些失落。我替我的父母，祝愿远在大洋彼岸的赵阿姨快乐、幸福、健康。

当时，父母还认识了《兄妹开荒》中演哥哥的王大化叔叔和演妹妹的李波阿姨。母亲对李阿姨特别有好感，说她唱得好演得更好，只要有机会去延安，就总会和李阿姨亲亲热热地说上一阵子话。在解放战争中，听说王叔叔在东北遇车祸意外身亡，父母亲着实难受了好一阵子。新中国成立后，李阿姨演了电影。她在《白毛女》中扮演的地主婆黄世仁母亲，因为演得太像，好多人就把她当成地主婆，受苦群众和革命人民都恨死她了。父母听到这种说法很为她担心。母亲甚至还说出这样的话来："演得那么像干什么？"殊不知，正是因为她演得太像、太好了，才会有这样的教育效果呢！父亲总是比母亲水平高一些。他当时就说过，李波，写《白毛女》的贺敬之，写《血泪仇》的作家，是真的按照毛主席《在延安文艺座谈会上的讲话》精神办事了。人民群众就是欢迎这样的文艺工作者。父亲的这种认识和说法对母亲影响很大。加之，母亲原本就对李波阿姨印象好，所以在以后的日子里，她总是关心和念叨黄世仁他"妈"。进北京后，听说李波阿姨被分配到中国歌剧院工作。

虽然都在一个城市，但父母却从来没有机会去看看她，而且也没有机会再看到她的精彩演出。这给父母都留下了极大的遗憾。直到"文化大革命"黑风肆虐，文艺界人士首当其冲地惨遭迫害，父亲这个所谓的资产阶级当权派，也横遭不测的时候，父母心中还深深地挂牵着李阿姨。这种挂牵，恐怕只有同为"延安人"、同怀"鲁艺情"的人才有啊！

《二月里来》这首歌曲的作者塞克叔叔，是我小时候在"鲁艺"玩儿时，知道这个名字和这个人的。因为歌的曲子不好唱，小小的我没有学会。但是，我的母亲却学会了。其中"种瓜的得瓜，种豆的得豆，谁种下仇恨他自己遭殃"这几句，母亲一直唱了几十年。而且，这 20 个字，还成为她做人和教育我们的法典，深深地印在了我们的心里，同时也成为我们兄弟姐妹，教育自己孩子学会做人、努力学习科学文化知识、以真才实学报效祖国和人民的金科玉律。

1953 年，我在华北军区八一学校读书时，我们班有个胖乎乎的女同学叫陈延鹰。聊天儿时，无意间知道她的父亲是音乐家塞克。当时，我那高兴劲儿就别提了，怎么也按捺不住心中的激动，一连问她好几遍：塞克真的是你爸？我甚至还很奇怪地问她：他姓塞，你怎么姓陈？他是你亲爸吗？当陈延鹰确切地告诉我，她就是塞克的女儿时，我巴不得立刻回家去告诉父母。尽管他们和塞克叔叔并不太熟悉，但听说他是"鲁艺"的音乐家，是《二月里来》的歌词作者，热情有余的母亲就叫我领她到家里来玩儿。以后，她虽然没来过我家，但我和延鹰成了好朋友。我们的学友之情，从那时起一直保持至今，有 55 年的时间了。这友情之所以如此长久，是因为有我们和父辈两代人"鲁艺"情怀的呵护与滋润。

　　2009 年 9 月，我一踏上延安的热土，满脑子都是延安时期那些老歌的旋律，心情的激动溢于言表，甚至和老伴你一句我一句、东一句西一句地哼唱起来。这其中，不光是我这个延安娃到出生地寻史的兴奋与快乐，更多的，应该是延安鲁艺的名字、鲁艺的成就、鲁艺革命文艺的巨大魅力的影响。童年时被植入心灵深处的影响和情结，是永远挥之不去，也永远不会消失的。就像我的父母和许许多多的老延安人一样，他们的心中，永远燃烧着不灭的延安灯火；他们最爱哼唱的，也是从鲁艺传唱出去的延安时期的革命之歌。

十、转战陕北：六岁娃随队伍徒步行军 2000 里

　　当年，在撤离延安的各路队伍中，由于母亲果断的决定，使我得以有了一段独特的行军经历。苦是没少吃，罪也没少受，但这段经历，却成为我一生的自豪。

　　在延安抚恤委员会工作的父亲，在接受带领延安保小和荣校部分人员的转移任务后，不顾伤残，每天拄着双拐，忙碌着组织人员，配备牲口，准备物资，同时给随队转移的孩子们做架窝子（牲口背上的驮筐）。他无法顾及自己的家和孩子。

　　无论是父亲还是母亲，他们从投身革命那天起，似乎就已经没有了他们自己。母亲尤其爱说："连人都是革命组织的，都是公家的，其他还有什么好说的。"所以，他们从来都是先把组织交办的事和别人的事情处理好了，才会去顾及自己。

　　最初，母亲想把小弟弟寄养在当地老乡家。因为在下寺湾生活时间长，和周边老乡十分熟悉，给孩子找个可靠又合适的人家并不困难，她和父亲都能放心。可是，母亲觉着孩子还没断奶，有点小，话还说不利落，路还走不稳当，留下来必定会增加老乡很多负担，孩子也受罪。别看我当时不到 6 岁，但是聪明懂事，认字、能唱会跳，是荣校的小名人儿。大家都喜欢我。如果说把我留下寄养

在老乡家，别说父母了，就是知道的叔叔阿姨也不会同意。怎么办？母亲难，父亲难，帮着出主意的叔叔阿姨们也都觉得难。

疏散转移战况紧张，人力牲畜紧张。多一个人，多一匹牲口，都是对延安保卫

▶ 一路带着我（中间最小的战士）行军的粮秣股长王应珍（我右边的战士），父亲的通讯员宋喜发（我左边的战士）

战的有力支持。这种时候，是不可能为了自己孩子，去增加组织的负担！父母同时决定：报请组织批准，将我的保育费改为战士待遇，纳入战士编制，编入战士队伍，跟着队伍徒步行军。

编入战士队伍的我，没有毛驴骑，也没有架窝子坐了，要与战士一样，靠着双脚走天下。父母只考虑怎么给组织减轻负担，怎么不增加行军的负担，却没有考虑我当时还是6岁的娃娃，跟着队伍徒步千里行军会遇到多少困难，会发生多少意想不到的问题。而且，知道这个决定的不少叔叔阿姨，都极力劝说母亲不能这么办。他们说孩子小，路途艰难，还不知道要经过多长时间的辗转行军才能到达目的地。但是，无论战友们、同事们怎样劝说，母亲丝毫不为所动。再说，组织上已经批准了，将我纳入行军部队的编制，还通知母亲赶快去给我领衣服回来改。为此，我高兴得又蹦又跳。因为，我不会被父母留下寄养在老乡家里了。我可以和两个弟弟一起在父母身边。我是个小兵，可以和队伍一起出发了。

就这样，六岁的我，成为父母带领转移队伍中最小的战士。现捐赠给中国妇女儿童博物馆的三张老照片中，有一张就是出发前

夕，同住一排窑洞的周荣、保安和我及两个弟弟在分别前的合影。虽然我们都土里土气的，但看得出来，我那身改过的"军装"和腰里拴着的带子，也透着战士的神气。

▶ 炮兵旅组织部部长赵敏、炮兵旅赵章成旅长秘书赵铭、供给处家属大队干部杜月英关于我的战士供给制身份的证明

▶ 炮兵旅供给处军务股股长罗建勋关于我的战士身份的证明

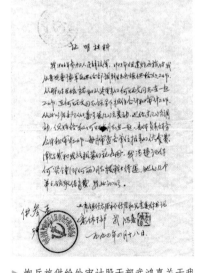

▶ 炮兵旅供给处审计股干部武鸿喜关于我的战士供给制身份的证明

十一、憨厚质朴：红军马夫杨爷爷

1948 年 3 月延安保卫战打响，荣校转战陕北出发前，组织为了照顾父亲行军方便并解决行军中出现的困难和发生的意外，专门给父亲配备了一匹小口枣红马，同时分配了马夫老杨。

老杨来时，我家住的窑洞已变成空窑，因为父亲在延安他的工作单位抚恤委员会做着行前准备，母亲就把家里的东西，该捆的捆，该绑的绑，该埋的埋，一切都收拾得停停当当。院子里除几块大石头，其余都坚壁起来了。就是要喂马，都找不到个能盛料的东西。老杨见状，就对父亲说："何主任，我早来两天，是想帮助收拾东西的，不承想没帮上忙。"又转身对母亲说："组织说是叫我来管马的。我是受苦人，其实啥都能做，也能看娃。就是不会说话。"在我的记忆中，从他来到他离开，这是我听到他说的最长的几句话，其余都是简单的几个字。

老杨是甘肃人，背盐出身，家里穷得很。1934 年初，他快 60岁了，在背盐路上遇到红军，就跟着部队两过雪山从甘肃走到延安。他是个红军战士呢。

自从父母知道老杨是个苦大仇深的红军战士后，对他多了一分敬重和关切，就像对待他们自己的父亲一样，甚至有过之而无不及。父母是坚强的但也是极富同情心的人。他们把老杨当成自己的长辈，让我们叫他爷爷。他如果听到我们叫他一声爷爷，就愣愣地站在那里，乐得脸上的皱纹都展开了。这时，在他那饱经风霜的脸上，绽放着无比的仁爱和快乐。

老杨个子矮矮的，粗粗壮壮，说话慢慢腾腾、含含糊糊，总好像嘴里含着东西张不开。他有一张饱经沧桑的老农的脸，每一道皱纹都透着他的憨实、善良和曾经的苦难。提起杨爷爷的那双手，我至今记忆犹新。因为那双手又短又厚，指头粗得怕人，手指甲都变了形，手掌布满老茧，手背则全是干裂的口子。就是这样的一双老手，曾使母亲流过无数次的泪。他告诉母亲说，这是他几十年干粗活儿累成这样的。可母亲心里知道，她的父亲、哥哥都是做长工的，一年四季都在辛苦劳作，手尽管特别粗糙，也没有变成这个样子。你实在想象不出来，这个老人到底受过多少苦。

老杨最让人惊讶的还有他的那双脚。3 月的延安冷得很，可他却光着脚穿着一双布条打的草鞋。仔细看，要不是那双打着绑带的腿和拴着红绳的草鞋，你根本就不会相信那是他的脚。因为套在草鞋中的脚极为短宽，五个脚趾头几乎一样长，而且没有一个脚指甲是完整的。脚趾脚背被一层老皮包着。脚后跟上满是深深的黑裂口，硬皮里边露出红嫩肉。这双脚，可把父亲母亲给心疼坏了。母亲问老人家，这几十年的冬天是怎么过来的呀？老杨说："这对受苦人算个啥吗！做双鞋子的钱和工夫，能养活个娃了。谁能舍得下呢！"父亲问，这样怎么过冬，长途行军咋办？老杨对父亲说："炳文，习惯了。几十年就这么过来的。莫为我操心。什么事情都误不下。"话是这样说，而父母的心却像在流血。

老杨对什么东西都十分仔细，看谁丢掉点什么都觉得可惜。尤其对粮食，哪怕是玉米、土豆、谷糠，他都十分珍惜。

老杨吃饭有个习惯，就是不管吃什么，哪怕是一口汤水，他都喝净，并用舌头把碗舔得干干净净。不管有多少人在场，也不管谁在看他，或是指着他说些什么，甚至用手捂着嘴笑话他，他也视若无睹，认认真真地舔他的碗。起初我们觉得很可笑，不懂事的大弟弟还用手羞他，但后来，我们就被他的纯朴和憨实所感动。在以后与杨爷爷在一起的日子里，我们虽然不会舔碗，但我们学会了珍惜。我们会很自然地把掉在地下的东西捡起来，用小嘴吹吹灰吃掉，也会把自己碗里的东西吃得干干净净，用他的话说，这叫"节俭"。

在我的记忆中，父亲有时候爱喝口小酒儿。从延安出来，老杨就特意在他的身上背了些酒。行起军来，老杨看父亲骑马时间长了，或是有什么事太劳累，他就会一声不吭地把酒瓶子递给父亲。父亲，就什么也不问，只小声地说："你先喝上一口。"老杨也不推让，就打开瓶盖子喝上一大口。实际上，这是做给父亲看的，他哪里舍得，他只是用舌头舔一下。其实，老杨能喝酒，平时只要可能，他也爱喝上两口。父亲看到他喝酒的样子，心中总会觉得不是滋味。有的时候任凭父亲叫他，他就是不吭声。他一手紧拉着马嚼子，一手紧拉着缰绳，他只管忠于职守。这时，酒对于老杨就没有一点吸引力。就这样，从老杨来到父亲身边，直到离开，无论在什么情况下，父亲都没有断酒。父亲和同行的人都很奇怪：这老汉，他到底带了多少烧酒?!

老杨带的酒，是延安大生产时自己烧的，说不上有多少度。可这酒，在艰苦而紧张的行军路上，给父亲带来无数的温暖和无穷的力量。留在父亲心中的，不单是这酒的醇香；留在母亲心底的，也不单是这位马夫的纯朴善良，而是老杨对革命工作的忠诚，是对全家老小的真诚、亲近。

老杨爱吸烟，因为没有钱，吸的是最低劣的，近似黄豆叶子的旱烟。因为没钱，他也不买火柴，而是用火镰打火点烟。老杨的火镰小小的，是皮子做的，边上还镶着金属。否则，与石相碰是打不出火的。我还记得火镰的故事呢。

老杨到家里不久的一天晚上，他用火镰打火点灯，父亲就坐在炕边上等，可这灯半天也点不着。父亲走过去一看，蹲在地上的老杨，满头大汗。只见他一遍遍地打火镰，一遍遍地用打着火的棉絮去点灯，不一会儿，灯没点着，棉絮上的火也灭了。父亲就悄悄站在他身后看，他依旧这样反反复复多少遍，可这灯就是点不着。父亲看着忍不住笑起来。老杨扭头看见父亲，更紧张了。他说，"何主任，"立马又改叫："炳文，你看这咋办吗，这灯就是点不着。"笑了半天的父亲说："那棉花只有火星，没有火苗，那咋能把这灯点着吗！这又不是抽烟，引着就对了。"老杨没太明白，说："那就多弄点棉花，把火星再点大些。"父亲说："大些也不行，没有火苗子咋点得着灯吗！"他就在裤子上划着一根洋火，一下子就把马灯点亮了。憨憨的杨爷爷一看，也哈哈笑起来。他一笑，父亲又跟着笑了。只有在油灯下补衣服的母亲，不知道他们在笑些什么。

父母与马夫老杨的感情很深。一盏小小的马灯，也是他们之间深情厚谊的记录和见证。

这种行军虽然不是开赴前线，但也必须根据战事晚上行军。这样，马灯就成了行军的向导，就成了行军最重要的工具。延安人，没有不用马灯的。

父亲带的这盏小马灯已使用多年。他不管到哪里去，只要晚间赶路就是必带之物。所以，父亲也就养成了一个习惯，就是不管有事无事，小马灯总是被擦拭得透亮透亮的。

在行军路上，父亲没有时间来关照小马灯了，这个任务就自然而然地落在杨爷爷身上。尽管老人家过去没有见过也没有用过马灯，但他擦灯点灯，添油送灯捻，每一样都做得仔仔细细、顺顺溜溜。而且在行军路上，他还琢磨出好些用灯的名堂。比如说，天黑了，他就点起灯，但灯捻不能太高，光亮不能太大，也就比萤火虫亮些。这样，在远处看只是一个小小的亮点，其他什么也看不见。到天快亮时，老杨就把灯吹灭了。他说天看着是快明了，其实这时的天最黑，有一点亮都会看得真真的。这时还亮着灯最危险，就是给敌人打招呼呢。于是他就赶紧把灯捻灭，把黑捻头掐掉，待罩子凉了，他就会一边走路一边擦灯罩了。老人家给自己的说法是：这叫节省时间。他还会时常提起马灯摇一摇，听听响不响。只要声音不太响，他就会给灯灌满油。然后收好，挂在马鞍上。行起军来，只见小马灯随着小红马行走的节奏，一晃一晃的。

杨爷爷知道小马灯是父亲的心爱之物，但更懂得它的重要作用。因为，行军中只要小马灯亮着，就说明没有情况。如果让把灯灭掉，就说明有情况，行军停止，就地不动，不能有任何动静。如果没发现什么异常，也要等一会儿才能把灯再点起来。父亲说："行起军来，小马灯就是传令兵，一点也不能马虎。"所以，父亲常说："不要看老杨管的是马和灯，实际他管着咱们的行动呢！"老杨每每听到父亲这么说，他总是用他那粗手摸着他那没有胡子的下巴，憨憨地笑着。

因为杨爷爷对我们的亲昵，使得有时候我们对他有点没大没小，甚至故意招他着急生气。而老人家呢，尽管什么都可以由着我们，但就是不准随便乱摸乱动那盏小马灯。

你千万不可小看这盏小小的马灯，无论对这支特殊的队伍，还是对完成转移任务而言，都是举足轻重的啊！杨爷爷，一个军龄很短但年龄很大的老新兵，能在做好马夫工作的同时，又做了个好灯倌儿。他怎能不得到父亲、母亲和全队叔叔阿姨的信任和尊重呢！

十二、第一选择：马褡子比女儿的命金贵

父亲的枣红马背上的马褡子，是延安被服厂生产的。布，是边区人民自己种的棉花、自己纺的线、自己织的。就那灰色，也是聪明的边区人自己染的。因为马褡子缝制结实，又保险又方便，所以延安人出差办事，几乎人人都带着个马褡子。好多延安人都自豪地说：马褡子是咱延安人的标志。外头来的人，也大都希望能得到这么个尊贵的礼物。

父亲的马褡子，是 1945 年底他调任延安抚恤委员会主任时发的。他所有的家当，就是马褡子和它里面穿的、用的、办公用品，还有铺的、盖的。1947 年初，它又成为我们全家人疏散转移的唯一行李，也是父亲所带领的这支行军队伍唯一的"公文袋"。

从行军开始，马褡子就几乎没和父亲分开过。每到宿营地，父母首先把马褡子仔仔细细地检查一遍。如果发现有开线或者被刮破的地方，都会立即缝补好。出发前，也总是听父母说因为马褡子里面装着全体人员的花名册，装着一路经过各兵站所需的介绍信、各种证明、少许钱票，还装着非常稀贵的 20 块大洋的包包。难怪这马褡子比我们的生命要金贵。

记得走到一个叫冯家营的地方，突然遇到敌人空袭。父亲一下

子从马上跳了下来。人都没站稳就把马褡子拽下来，自己立刻扑在上面，幸好没有被敌机发现。但在以后的行军路上，父亲、母亲和马夫老杨，更是格外小心谨慎地守护马褡子了。

黄河在吴堡的东边，到河边后就顺河走，常常是前不着村后不着店。河边有的地方宽，好走一些；可有的地方又窄，脚一滑就沾上水；有的地方又要踩着冰水走，让人特别紧张。我呢，就紧跟着大人走。但常常是前面的叔叔，用手紧紧地拉着我走。小小的我，就这样每天跟着队伍，在饥饿和寒风中走着。已经被冻伤的双脚，此时几乎一步也迈不开了，多想让拉着我的叔叔抱抱我呀。无奈父母不让，就只好时不时站着哭两声。

终于，在一个晚上行军的时候，我坚持不住跌倒了。把前后的人都吓一跳。老杨爷爷松开手中毛驴的缰绳，过来抱起我。他冲父亲说："炳文，娃这回是实实地累坏了。你看咋办？"父亲不顾自己的脚打满了泡，双腋窝也发炎红肿，有的地方已经磨破出血，即刻从马上扶着拐跳下来，让把我放在他的马背上休息一下。爷爷不答应。父亲只好说："那就让她在驴背上坐一下算了。"老杨爷爷立刻和一个叔叔把我往驴背上抱。哪知小毛驴一下就扬头惊叫起来。老杨怕暴露目标，就赶快捂住驴嘴。走路的步子也乱了。就在爷爷伸手的一瞬，小毛驴腿一滑，连我带马褡子一块跌下河。被砸得吱吱作响的冰面，很快就裂成大洞。老杨想快捞毛驴背上的马褡子，可又觉得还是应该先救孩子要紧。就叫赶毛驴的老乡快些救人。父亲毫不犹豫地喊"赶快救驴"！赶快捞马褡子！一定保住里面的东西！

在黄河边上不足 3 尺宽的地方，一边是冰封的黄河，一边是一米多高的河岸，人都站不稳当。只见父亲用他的拐使劲砸着冰面。

只见那冰面，裂口在嘎吱嘎吱声中越裂越大。这时，一个叔叔果断地从驴掉下去的地方跳了下去，随后又下去两个人。他们把驮子推起来。可驮子上的马褡子不见了，毛驴也不见了。父亲急了，高声喊："快找马褡子，快找驴！马褡子是非找到不可！"他急得恨不得自己跳下去找。

春寒三月的黄河边朔风刺骨。下水的人不一会儿就冻坏了，可大家坚持着把驴捞了起来。可毛驴背上没有马褡子。父亲一下就急了。不顾一切喊叫快找马褡子。父亲边喊边继续用他的拐杖打着冰面。当把马褡子捞上来一看全湿透了，但口袋上的扣子却没开，中间系好的绳子结仍然紧紧的。父亲和母亲这才松了口气。这时的父母亲，才顾上让下水的人快把我捞上来。

几个救我的人把我捞上来时我已不省人事，满脸满身泥水，不哭也不叫唤。那两个捞起我的人，就提着我的脚头朝下倒过来，只见鼻子嘴巴都往外淌泥水。衣服上的水，就顺着衣角往下淌，还一个劲咳嗽。见我没死，好几个人在我背上拍打，直到我哭出声儿。这时父亲看看我，对母亲也是对其他人说："没问题，死不了了。"母亲听父亲这么一说，悬着的心也落下了。当母亲把背上的弟弟放下，脱衣服给快要冻僵的我说："孩子，今天你真要是死了也怪不得爹妈。马褡子装着的哪样东西都比我们的性命重要。这种时候，我和你爸只能这么做。"母亲又说："战争年代我们必须这样做。长征的时候，我亲眼见到把自己刚生下的娃娃拿去换碗水来救身边的战友。不是妈妈们心狠。因为不这样做，战友就没命了。"而这时，只见老杨提着小马灯的光亮随着父亲的目光，都集中在毛驴和马褡子上去了。

长大的我，理解并懂得作为战士的父母的唯一选择，就是怎样才能完成任务，怎样才能保证大家的生命安全。在关键的时候，他们必须以党和人民群众的生命为第一选择。

现在，马褡子的故事已被中国妇女儿童博物馆收藏并展出。

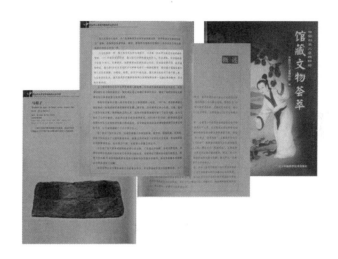

▶ 中国妇女儿童博物馆馆藏文物荟萃。蒲文清带领她的儿女们，积极捐赠自家革命文物、资料，同时也积极向社会宣传和动员周围的战友们，他们将马褡子捐赠给了中国妇女儿童博物馆

十三、东渡黄河：奔赴大别山

　　走到吴堡黄河口的时候，是一天的上午。顺着黄河边前行时，看到的是黄河滩上成千上万等待过河的队伍。父亲一看就有些着急：老天爷，啥时候能过河呀！马背上的父亲，眼中虽然透着焦急，但面部表情却是沉静、坚定的。按理说，父亲是残疾人，他所带的转移队伍虽然人不算多，却是一支有着伤残荣军、家属和娃娃的特殊队伍，照理说他们是可以不排队的。但父亲首先考虑的是战事和赶路的部队，这是一点儿都不能耽误的。所以当时有人让父亲这队人马先行，父亲没有那么做。他对同行的同志们以及伤残同志们说："这种时候，最重要的是，一要顾全大局，听从指挥；二要遵守纪律，维护秩序。"

　　等待，使所有河滩上等待过河的人都十分着急，只有我们这些不太懂事的孩子们特别兴奋。我也不例外，因为我从来没有看到过这么大的河。我出生在延安下寺湾。那里倒是有一条河，叫洛河。虽然是河的上游，而水却少得可怜。延安宝塔山下有条延河，虽然叫河，可是河里经常干涸着。现在见了这么宽大的河，河上还有好大的巨浪，会是什么样子？所以眼前这条淌着黄泥色水的大河，把我们全都震住了，也吓住了。都老老实实地站着看，不敢打闹嬉戏叫喊。我们又看到河上排着一片一片的人和牲口，还有等着下河的大木船。这一切，既让我们开眼，也让我们奇怪：这么宽大的河，这么多的人，为什么都要挤在一搭里过河呢？

我们这些旱地里的娃娃，没有见过大河，没有见过船，更没有见过能坐这么多人和牲口一起过河的大船。我们也没有见过好几个东西绑在一起，在水上漂着，同时还能坐人和拉行李的船不是船、四边还冒出小角的古怪东西。只见老乡拿着长板子在划，这东西就在水里打转转，半天才开始往前走。我们心里好生奇怪：这到底是什么家伙？它有脚吗？在水里这么走？后来听老乡说，这东西叫羊皮筏子，是他们祖祖辈辈靠着活命的。它和船一样。没有了它，黄河人家的命不是难活，而是根本就活不下了（活不了）。

老乡介绍说，这羊皮筏子是把羊杀死后，把整张羊皮又揉又晒。等皮子软了、干透了，把口子缝好，留下一个打气孔。等把每一张这样的羊皮袋都打足气，再把它们几张几张地捆绑在一起，就做成了筏子。因为是用羊皮做成的，就叫它羊皮筏子。这种筏子不漏气又结实。黄河岸边的人家几乎都有这东西，因为要靠这载人拉个脚挣钱活命哩。

羊皮筏子这么神奇的东西，别说我们这些延安娃娃，就是那些叔叔阿姨们包括老杨爷爷，谁也没有听过这么生动的故事，更没有见过真正的羊皮筏子。可是，如今我们不但看见了，还亲手摸过呢！

在等待过河的时候，孩子们饿得直哭。周叔叔、柳叔叔就想方设法逗我们，可是越逗我们越哭。只见老杨爷爷，憨憨地从一个布袋里掏出两把东西悄悄地递给我和弟弟。我一看是黑豆，心里太高兴了，就赶快伸出两只小手去接。可还没等接到手，就被母亲看见了。她冲老杨爷爷一声大喊："这黑豆是给马吃的，给娃娃吃了马吃什么？再说，娃娃们都饿了，要给就都给一点。"母亲怕杨爷爷心软，就让他快把黑豆收起来，要是娃娃都看见，那可就麻烦了。杨爷爷布袋里没有多少黑豆，所以他无奈地把手中的黑豆放回布袋里。他看看这些挨饿的娃娃，心里难受得没有再说一句话。母亲强忍着难受安慰我们说："过了黄河就有吃的了。好娃儿，忍住些吧。"这样，我们只好在疲劳和饥饿中耐心地等待着。

轮到我们上船的时候已经下午了。因为阴天，云很低，也就越显得风大天寒。叔叔们小心翼翼地拉着牲口、扶着架窝子，又小心地把孩子们在船上安顿好，一一嘱咐大家不要乱喊乱叫。杨爷爷拉着枣红马扶着父亲上了船，又拉着我和大弟弟上船，安顿我们贴着马前腿站着。等大家都上去了，背着小弟弟的母亲才上船。谁都没有坐过船，看着滚滚流淌的河水和上下颠簸不停的船，大家都紧张极了。

因为都想赶快过河，船上的人越挤越多，不知谁猛然把我挤倒了，两只腿一下翘到船边，一只脚上的鞋子眼看着掉入水中。我顿时大哭，连连喊着："我的鞋，我的鞋呀，我的鞋呀！"可是没有人顾得上理会我，只有老杨爷爷扶起跌倒的我，搂在怀里一个劲儿地说："好娃哩，莫哭莫哭。"可是，因为这鞋是出发前李凤莲阿姨刚刚给我做的，鞋面上还绣着花，所以，我死活要把鞋子捞上来。没等捞，就见小鞋像小船一样，被波浪越推越远。我看着自己还剩一只鞋和穿着白线袜子的脚，越发哭喊起来。母亲挤到我身边，立时捂住我的嘴，叫我别哭别喊了，说就是哭死也捞不上来了。还说，等到目的地再做一双新的。这时，不知是谁，立刻用块布把我的脚包起来。一边包一边叫我别哭。说再哭，脚就冻掉了。再哭，就把我丢回到岸上去。我不敢哭了，只好静静地靠着杨爷爷委屈地出着长气。这时，我看见小弟弟已趴在母亲的背上睡着了，头上的尖尖帽也歪在一边。

船上终于挤得不能再上人了。老杨爷爷一边搂着我，一边紧紧拉着枣红马的缰绳，端端站立着。马的周围挤满了人。父亲左腋下挂着拐，左手握着小拐杖，右手搭在帽檐上，威严地看着延安的方向。此时，我的父亲和母亲，他们像所有转移的人一样，内心发出同一个声音：再见，延安！我们还会回来呢。

老艄公终于划起了大桨。因为风浪的阻挡，船行得很慢，而且颠簸不止。只见有人恶心，有人吐起来了，还有人喊叫起来。船上不再像离岸时那么安静。划船的老乡一看，忙大声吼叫："快不敢叫唤，不敢乱说了！惹下黄河神灵会翻船的。到时候可就麻烦了。这么些个人可咋办吗？"所有的声音都停下了，就连枣红马都安静了，只有两个鼻孔往外冒白气，一动也不动，显得那么威严，那么神气。

天渐渐暗下来了，船终于到了对岸。船一靠岸，父亲就将拐插到地上，不等人扶就跳了下来，连忙招呼同行的叔叔们和孩子们安全下船。他又让随行的叔叔们，细细检查每个孩子和每头牲口，并安排好大家就地休息。他亲自来回找人打听前行的路和最近的村庄。等他忙完这些事情，才想起我们。当他看到在河滩就地而睡的大人娃娃，看到睡着的我还使劲搂着剩下的一只新鞋，和趴在母亲背上、脸上挂着冻成冰的泪珠的弟弟，也难受得眼圈都红了。老杨爷爷看着父亲连说："哎呀，好了，不敢难受。你要有甚闪失，这大人娃娃和那些伤员咋办？"

父亲看着河滩上的一片伤员、娃娃，确实心疼得话都说不出了。但他急忙叫醒大家赶快起来活动，要不一会儿就被冻死了。殊不知，这时我的父亲和母亲、杨爷爷和随行的叔叔阿姨们，他们的身体早已和衣服冻在一起了。小弟弟在母亲背上撒的尿，居然冻成一条细细的小冰柱。然而，他们自己并没有在意这些。他们的心里，只有其他的大人和娃娃。

等叫醒我们，整理好东西，准备出发时，才发现河滩里已是一片寂静，过河的人都已经分路出发了。只有我们这支特别的队伍，还在河滩上等待。

好不容易，大家赶快按父亲的要求，在随行的叔叔、阿姨们安顿下排成队，在老杨爷爷提着的小马灯带领下，顺着河边，在沙滩上缓慢地向着山西离石方向前进着。这离我们要奔赴的大别山又近了许多。

渡过黄河又经过一夜的行军和冻饿后，前面的路越发难走。只见这队人马劳累的身影在寒风中摇曳。步履虽然缓慢，但每一步都坚强有力。就这样，大家坚持着一直走到天亮。

十四、英雄气概：战场上没有残疾人

父亲听令上战场，是在他残疾 10 年后的 1947 年底，也就是父亲顺利完成了转移任务，在河北武安附近的冶陶镇参加为期 3 个月的整风学习期间。这期间，他还参加了冶陶土地会议。

1948 年 1 月，父亲突然接到晋冀鲁豫军区组建炮兵旅的命令：命司令部炮兵主任赵章成兼炮兵旅旅长，徐小达为参谋长，方官富为政治部副主任，何炳文为供给处处长，他在赵章成旅长领导下，负责组建晋冀鲁豫炮兵旅供给处的工作，随后父亲又被任命为炮兵旅党委委员。

当时，正值解放战争进入战略大反攻的紧张时刻。参加整风运动的干部，被频频传来的前线捷报所鼓舞，按捺不住为全国解放事业献身的满腔热情，纷纷请求奔赴前线。父亲和大家的心情是一样的。但军区给父亲

▶ 赵章成旅长

▶ 赵章成旅长指导打炮

的一纸命令让他负责组建炮兵旅供给处并任职处长，同党小组的马云峰、周万成、罗建勋、周成智、柳怀杰、谢才贵、陆风等同志虽然感到十分意外，但都对他充满信任并给予鼓励。作为一个军人，命令就是号令。号令一响，你就必须到位。于是，整风学习还没有结束父亲也来不及多想就迅速到军区报到并领受任务，以他的残疾之躯，积极而迅速地投入组建的各项工作中去。他要求自己在战场上、在火线上边干边学，甚至还向赵旅长和其他旅首长立下军令状：保证完成任务，战地后勤供给一定保证前线需要。

他知道自己面临的困难和危险都是未知数。他感到压力最大的是自己是个拄拐的残疾人，能适应战斗的需要吗？

当年，供给处审计股武鸿喜在他的回忆文章《身残意志坚 一心为前线——记晋冀鲁豫炮兵旅供给处长何炳文》一文中写道："1948年春节前夕被分配在军区供给部直供处工作。后勤部周文龙部长给我们讲：现在正组建炮兵旅，急需财务干部，我和王福龙、靳全

▶ 罗建勋同志（右）

有到炮兵旅。2月13日春节一过，我们就高高兴兴地到武安格村报到。令我们非常惊讶的是，我们的处长，竟是一位左腿高位截肢的残废军人。在这样残酷的战争环境和艰苦的生活条件下，他能够适应野战部队的工作吗？能够挑得起正在组建的炮兵旅后勤工作这副重担吗？当我们了解了他那不平凡的革命经历后，我们的顾虑打消了。"

　　父亲坚信自己在延安大生产运动中，已打下了吃苦耐劳、不畏艰难险阻的基础，坚信自己一条腿能当两条腿的健全人来干！就这样，父亲开始了向自己人生极限的挑战和冲刺。

　　1947 年上半年，解放战争在战略上转入全国范围的大反攻阶段。刘伯承司令员和邓小平政委，率领晋冀鲁豫军区主力部队挺进中原，挺进大别山，把战争由解放区引向蒋管区。其余部队将转入内线作战，主要作战形式是阵地战、攻坚战。攻坚战更需要强大的炮兵火力。因而，主持军区工作的徐向前、滕代远、薄一波等首长，卓有远见地决定组建炮兵旅。

　　炮兵旅是在晋冀鲁豫军区党委和徐向前司令员等首长的直接领导下，于 1947 年 7 月在河北武安开始组建的。必须迅速完成组建供给处的工作；必须迅速准备、购置所急需的各种物资、装备，包括拉炮的骡马及驭手、骡马的训练、草料等。前线指战员家属孩子的转移、吃喝拉撒睡的管理、安排，这是个复杂、细致、不可有一点点疏忽的工作。

　　父亲遇到的第一大难题，就是干部奇缺。参加冶陶整风学习的有一大批干部，但是，还没有等到学习结束，一批批干部就已经陆续奔赴工作岗位或战斗前线。这种情况下，他果断决定，除领导推荐的罗建勋、王应珍等同志，又从随同他从延安转移出来的人中挑选了柳怀杰、周成智、王纪芝、胡丰珍等几个他特别了解的同志。这样，就迅速搭建起军务股、军实股、军械科、管理股、粮秣股等的架子，并同时筹备卫生队和运输队。在人员尤其是专业人员缺乏的关键时刻，军区将刚刚从太行军区供校毕业 16 岁的武鸿喜，和从军区供给部财经学校毕业的 16 岁乔维荣等几个小鬼分配到供给处。军务股长罗建勋是个能干、缜密、细致的人；军实股长王纪芝是个务实的老红军；军械股长鲍玉海是主动、有统配能力的人；粮秣股长王应珍熟悉粮秣征集和调剂供给的人；管理股长胡丰珍是在荣校总务科，是个精打细算的老红军；周成智、柳怀杰等都是忠诚、做事不跑调儿的老红军，以及军区调配来的财务、会计、审计等专业人员，这样搭起的供给处架子，让父亲充满自信。用他自己的话说："在旅党委的领导下，供给处没有做不好的工作、没有完不成任务的理由！"

武鸿喜在文章中回忆得比较详细："何处长决定用一个月时间把工作理顺，但首先整顿思想作风把积极性调动起来。他亲自组织大家学习毛主席的《目前形势和我们的任务》等著作，使我们认识到，要解放全中国还有许多仗要打。这就需要有强大的炮兵火力及

▶ 这件大衣，是晋冀鲁豫前总指挥徐向前司令员听说，何炳文处长手脚、脸都冻伤了，亲自下命令让后勤给他赶制的一件皮大衣。他在山西战役、四川剿匪中都十分爱惜舍不得穿。新中国成立后也一直精心珍藏。后来捐赠给中国红色博物馆收藏

有力的后勤保障。我们只有同心协力，才能完成这一繁重而艰巨的光荣任务。他还特别强调我们是特种兵部队，是大兵团作战。要牢记毛主席的'加强纪律性，革命无不胜'的教导。必须坚决执行命令，不允许有任何违反和破坏纪律的现象发生。"

"他亲自出马，不顾伤残带来的不便，亲自骑着大黑骡子，一次次跑到军区供给部门及有关部门反映情况、申诉理由、请领经费。在他坚持不懈地努力下，终于争取到购买骡马和运输车辆的一亿六千万元（冀南票），其中六千万元直接拨给在运城参战的炮2团，又先后购买骡马700余匹，运输车100余辆。并陆续将其中健壮的骡马，发给炮1团和教导大队。这样，及时解决了临汾攻坚战和运城运动战的急需，保障了战地后勤供应。"何炳文没有大衣冻伤手脚的事，传到前指挥领导的耳朵里。徐向前司令员一听就急了，想办法帮他解决一件吗！

但由于临汾战役后配备的骡马驮具，尚未很好进行驭手训练，出现的掉队和拉炮骡马撒野等现象，使炮兵部队不能火速到达炮位配合作战。所以，训练拉炮的骡马，就必须经常训练。而更为严重的是驭手问题。因为当时这方面的兵源主要是新入伍的战士，和起义投诚人员。要在短期内把这些人员训练到位，的确是一件难事。所以，在为解放太原配备和训练骡马及驭手时，父亲不但亲自领导和组织相关的训练工作，简直是把命都要搭上了。

赵敏叔叔曾对我说过："赵司令员、方政委可佩服和心疼你爸爸啦。他们人前人后都说，你爸爸不但有革命责任心，更有革命的钢铁意志。说他一个残疾人能做到的，一个健全的人可不一定能够做得到。"他还说："炮一旅凡是认识你爸爸的人，不管是团的还是营的，是汽车队、马号，还是家属队的，都佩服得很。因为他从来不接受别人的照顾和帮助，更看不上别人的同情和可怜。我太了解他了。你爸爸这个残疾人可不一般。他是个典型的自尊、自强、自爱、自立、严格自律的人。"

父亲在延安负伤后学会了骑马，也骑得不错，但总是短距离行走，最多也不过一二百里。现在则不然，不但长距离走，还总是冒着枪林弹雨的危险。武鸿喜在他的回忆文章中这样深情地回忆父亲："由于残疾，使他练就了一套单腿乘骑的过硬本领。上下骤马不要人扶，比正常人还要敏捷利索。坐在鞍子上，能稳稳当当地把牲口驾驭得服服帖帖。然而，常常由于乘骑时间过长，残腿部位被磨得红肿发炎，疼痛难忍。但他从来不跟别人讲，并且不准身边的人透露出去。他也曾几次从奔跑的马上摔下来，跌得浑身是伤。可是，他都以惊人的毅力忍受着身躯的痛苦，坚定不移地履行着自己的职责。"

由武安格村到临汾前线行程 400 多公里，骑马要走十来天。由于此次长时间骑马，他以惊人的毅力，忍受身体的苦痛，骑马日夜兼程赶赴前线。达到前线后，立即深入部队听取干部战士的反映和意见，前往友邻部队供给部门、兵站、粮站，主动介绍并宣传参战炮兵部队的现状和特点。经过一番奔波和努力，终于摸清和落实了部队所需的粮食、马料，以及最需解决的弹药供应、火炮、器材、车辆修理等诸多问题，及时保障了部队作战任务的完成。

7月初，我军主力绕道东部山区突然插入晋中腹地作战，供应保障出现了严重问题，配属下去的炮兵分队处境更加困难。父亲再也坐不住了。他的心，早已飞向在晋中前线忍饥挨饿、连续行军打仗的炮兵分队。当晋中战役打得正紧张时，他不顾敌机轰炸，不顾行动不便，毅然率领供给处十几名同志乘坐两辆马车，赶赴晋中前线。因为他要亲自摸清情况，并解决参战部队的后勤保障问题。

在晋中战役胜利结束后，父亲和他的供给处同志们，又马不停蹄地投入下一个解放太原战役的准备之中。

1948 年 9 月，旅参谋长徐晓达和父亲率驻长治的机关部队，分数批向寿阳、榆次一带集中。供给处先后进驻寿阳西洛镇，榆次西窑村、小南庄、鸣谦镇。在做好攻击太原外围据点、部队冬季整训和后勤保障工作的同时，积极筹划攻城战斗中的后勤保障工作。

▶ 1949 年春节炮兵旅供给处全体人员合影

父亲考虑的一个重要问题，是如何尽快把战地后勤工作尽快有效地开展起来，以直接保障部队所需。但是，他感觉自己还很有必要进行战地实际调查了解。所以从 10 月份开始，父亲就经常骑着那头大黑骡子爬上东山查看地形，了解步兵的部署、炮兵的阵地位置、开设的弹药交付所、粮草交付所、伤员救护转运站的位置和设施等情况，并且不顾劳累和伤残，冒着危险亲自到各战所实地勘查了解情况。

同时，父亲认为战地后勤供给的政治思想工作尤为重要。当年审计股的武鸿喜同志回忆父亲这一时期的工作说："在冬季整训中，何处长根据旅党委的安排，在领导大家学习文件、学习毛主席的《将革命进行到底》、提高认识的基础上，开展了查思想、查斗志、查纪律和放包袱的'三查一放'活动。大家都基本认清了解放战争必将胜利的形势，甩掉解放山西就回家的老婆孩子热炕头思想，激发了斗志，鼓舞了士气，坚定了将革命进行到底的信心；决心在解放山西的战役中为人民立功。"

因为在准备打太原时，炮兵旅已装备起来，有2个炮兵团，6个炮兵营，18个炮兵连，2个重炮大队。到时候将全部参战。所需的别的武器弹药不算，光这些炮兵部队就需要多少发炮弹呀！

早在太原攻城战斗前夕，供给处就主动承担了炮兵旅促进远战炮兵群、炮兵连的直接供应保障任务。当攻城大战打响后，大炮响声震天，弹火弥漫，成千上万发炮弹打向阎老西老巢。因为炮群所需的弹药，早已由旅军械员张由江负责在前线开设的弹药转运站，事先请领储藏起来，直接送到阵地。使得在激烈的攻城战斗中，弹药的分配和补给都很及时也很充分。由粮秣员周成智（荣校的）开设的粮秣转运站也毫不含糊，使部队的粮食、草料供给没有间断过。旅团两极就近开设的绷带所、手术组、食宿站，使伤员得到及时救护医疗，并能及时转送后方医院，大大减少了伤亡。这些后勤

▶ 解放太原立功受奖的连队

设施及工作，在战斗最紧张的时刻不但发挥了重要作用，还大力支援了友邻部队。不管哪个部队的伤员送到我们的救护站，都同样给予医疗和转送。有个部队在战斗最激烈的紧要关头，炸药供应不上。张由江率领民兵连协助兵站，将数万公斤的炸药及时运送分发到阵地上去，解决部队作战急需。

所以，在总结太原战役作战经验时，旅首长充分肯定了旅供给处，首次开展为战地后勤保障开设的弹药转运站、粮秣转运站、弹药转运站（库）、卫生包扎所等工作，较好地完成了直接供应保障任务；同时肯定了他们创造的战地后勤保障工作的好经验。在太原战役取得胜利的总结庆功会上，旅党委肯定了父亲及率领的供给处，在太原攻坚战的后勤供给保障工作中，为夺取战役的胜利做出了应有的贡献。并肯定供给处开展战地后勤保障工作虽然是第一次，但是较好地完成了任务。

父亲非常怀念他的那些战友们：赵章成旅长、方官富政委、王英高书记、徐小达参谋长和他记得的一些老股长胡丰珍、何家琪、鲍玉海、张海顺等，怀念赵铭、赵敏、林炎、鲁风、姜彩彬、门团长等。他还怀念供给处的罗建勋、王应珍、王纪芝、柳怀杰、刘明远、武鸿喜、戎喜庭、乔维荣，卫生队的包秀珍、王医生，以及家属大队的妇女同志们。甚至，他也非常怀念家属大队的孩子们。父亲说，是这些同志，包括孩子们，都帮助了他，影响了他，成就了他。父亲说，他一个残疾人能走进战争，还能担负起战斗所需的后勤供给的领导工作，这是做梦都不曾想到的。战争虽然残酷，斗争虽然激烈，但都是以我们的胜利而结束的。他说这是他的幸运和荣耀。

▶ 方官富政委听炮三师大事记

▶ 赵铭同志组织讨论炮兵史草稿

▶ 赵铭和赵敏、武鸿喜看望炮兵老团长江彩斌夫人刘英

▶ 老炮兵赵铭和赵敏、武鸿喜看望蒲文清老同志

　　父亲能清楚地回忆起 1948 年 3 月临汾战役中，因炮兵旅刚刚成立不久，没有开设指挥所。大部分炮兵部队均配属各纵队、旅，直接支援步兵作战。按徐向前司令员步炮兵协同作战的指示，临汾攻坚战实施步兵、炮兵、工兵联合作战，协同配合，不仅取得战斗胜利，也给战地后勤供给工作提出了要求，并促进了后勤供给工作的开展和提高。

　　6 月的晋中战役，是徐向前司令员指挥的以寡击众全歼顽敌而著称的运动战。父亲记得炮兵旅虽组建时间不长，当时参加的火炮有 40 多门。因战况所需，参战炮兵是以分散指挥为主，集中指挥为辅。因为有了临汾战役的供给教训，供给处的全体人员都投入后勤供给工作中去，既要保证大兵团作战的交通畅通无阻，又要保证供应所需。

　　1948 年 7 月的晋中战役的结束，即拉开太原战役的序幕。由于太原的特殊情况，父亲虽然不是统筹领导和前线指挥，但他已预料到这不是一般的战役。他这个供给处长，如果按照常规战地后勤供给来准备的话，势必会在出现突发战况时措手不及，甚至影响整个战局的问题。所以，父亲格外重视供给点的设置、武器弹药的准备、人员配备、卫生站，包括民工、担架、转送等。鉴于解放晋中和临汾战役中，战地后勤供给出现的不足，为做到心中有数，父亲不顾拄拐的不便，他带领供给处相关各股长，亲自到各个站点检查。他要求自己和战友们，不能有半点的怠慢和马虎。由于准备比较充分，任务完成比较好，供给处的后勤战地供给工作，特别受到总部首长的肯定和表扬。因为他视自己为一个健全的人。因为他是一个战士，他是一个共产党员。父亲，用他自己的行动证明：战场上没有残疾人！

▶ 解放太原后，赵章成司令员带领司政后的部分同志在总结解放太原战役会议空隙休息

　　父亲，作为其中的一员，他在残酷斗争中所表现出来的英雄气概、无畏精神、求实作风、顾全大局等，让我们子女永远感到自豪，更是我们子女永远学习的榜样，是向后代传承的宝贵的精神和作风。

　　父亲，就是这样用自己对党、对革命和人民的忠诚，用实际行动创造了"战场上没有残疾人"的奇迹。

▶ 1952 年在石家庄

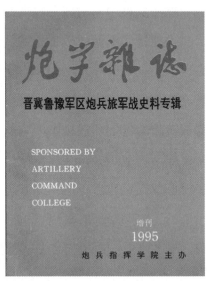

▶ 晋冀鲁豫军区炮兵旅军战史料专辑

▶ 1975 年 12 月 9 日，交通部在八宝山革命公墓为父亲举行了隆重的骨灰安放仪式。这是前来告别的战友、友人签名。

▶ 任命书

▶ 父亲的军旅生涯

▶ 石家庄炮兵三基地

▶ 1951 年 4 月 2 日，华北军区后勤部长会议后合影

十五、魂牵梦绕：荣校永恒的记忆

　　下寺湾是甘泉县的一个小山村，距延安 70 多公里。这个小山村南边有条河，叫洛河，是洛河的上游段。河虽不宽也不深，但顺着河两边或离河近的村、沟、峁生活的老乡，在"水贵如油"的陕北，起码能吃上水。

　　自从"延安革命荣誉军人学校"在这里安家，下寺湾这个小村子的名声就更大了。

　　全体管理人员和休养员，都积极响应毛主席提出的"艰苦奋斗、勤俭节约、自力更生、丰衣足食"的号召，积极参加到大生产运动中。当时，上山伐树烧炭的，放羊、捻线、织毛衣毛袜手套的，养猪、鸡、开荒种粮种菜的，种棉花纺线织布的，脱坯烧砖、采石打窑的，干什么活儿的都有。虽然缺胳膊少腿，虽然头上缠着绷带，虽然胸膛里还有没取出来的子弹，但他们都在积极参加各种各样的生产劳动，不但解决了自己吃穿用的，还向前线支援了大量的装备、食品，甚至还动员当地老百姓输送了不少兵士、民工。

　　王群是领导，资历老，是随一方面军长征到陕北的红军指战员。他的夫人叫毕珩，是荣校的秘书。她是知识分子，也是参加革命多年的老同志。毕珩阿姨是我人生识字的启蒙老师。她把废旧纸裁成四方块，把字写在上面，一个一个地教我认。为了让我能记住，她还编些顺口溜儿什么的。我每次学习完，母亲总是督促我又念又写。这样，在我四五岁的时候，就已经认不少字了。

遗憾的是，毕珩阿姨在1946年，就随王群叔叔调任东北而离开了陕北，这使我和毕老师分开了。

还记得有一个戴眼镜、瘦瘦高高的叔叔叫纪秉。他总是小声说话，文文静静的。他文化水平也很高，大人们都爱叫他知识分子。这个叔叔很喜欢我，经常教我认字写字。后来，他因为发烧病得很重，经过父亲的批准给他打退烧针，结果因为消毒不严针眼发炎感染，在以后行军的路上生病去世了。遗憾的是，因为怕被敌人发现，竟没有在埋葬他的地方给他立块墓碑，以致后来没人知道把纪叔叔安葬在山西什么地方了。

周成智是四川人，走过两万五千里长征。他是荣校的活跃分子，有名的热心人和大活宝，外号"周矮子"。1947年3月，周叔叔随同父亲一起过黄河北上，一直到1953年才分开。父母转业到北京，他留在炮兵第14师后勤，并在石家庄安家。

柳怀杰是在父母之前先到荣校工作的。父母到荣校后，父亲在总务科当科长，柳叔叔也到科里来。他也是个红军战士，吃苦耐劳，服从领导。这人虽然内向，但待人真诚，做事果断、有条理，从不拖泥带水。父亲在调任延安抚恤委员会主任、准备带队转移时，父母的老战友们这样评价他："战争年代，党就需要这样的人。这种人信念坚定，没有随意性，不争官，不夺利，心里想的就是如何完成领导交办的任务，做好自己的本职工作。"柳怀杰叔叔后来果然很好地协助父亲完成了疏散转移的任务。

在荣校，你要问金占魁是谁，肯定都说不知道。可你要问："你认识黑老金吗？"或者"你认识蛮子吗？"再或者"你认识大金牙吗？"肯定没有不知道的。因为黑老金太特别，特别到从来没有人关心和知道他叫什么名字，但知道他从小参加革命，并跟随一方面军经历了长征。他自己说，长征的时候他背过毛主席。"毛主席的个子很高，其实还没有我老金高。他们都说主席重，说我背不动。我往地下一蹲，只要主席往我背上一爬，我背起就走，腰都不弯一下。他们看我劲头大要我去挑书箱，我不去。我还是喜欢背人。"要说他抬过毛主席，还有那么点儿叫人相信。

父母在荣校时，有个特别要好的医生叫何光春，他的妻子叫王显兰，是卫生所的护士。他们都是随四方面军经历过长征的红军战士。我从父母那里知道，何医生是红小鬼，参加长征时才 14 岁，人虽小但聪明。他的一套为人治病的本领，完全是在部队自学的。他是四川人，性情火辣辣的。1948 年，父母去了炮兵旅，重新披挂上前线，而何医生和王阿姨奉命调到别的部队，南下了。

父母对荣校的感情之深、记忆之深，是很感人的。荣校的生活虽然艰苦，但这艰苦的生活和曾经的战友们，却给母亲留下了永远难忘的记忆，使已 93 岁高龄的母亲只要回想起来，仍然会感到兴奋、感动和幸福。也可以毫不夸张地说，荣校也给我留下了终生难忘的记忆。因为它是我识字并得到人生启蒙教育的革命学校。

找到曾在荣校工作过的老人名单

自 1939 年 1 月—1947 年 3 月曾在荣校任过职的校领导：

第一任　院长（校长）　何长工　政委　王　群

之后：

1. 校长　王　群　政委　何长工

2. 校长　许　新　政委　卢富贵

　　政治部主任　赵华生

3. 校长　叶和玉

4. 校长　汪运先

5. 第二任　王　群　校长兼政委

　　政治部主任　陈诚钜

6. 校长　任庭辉　政委　刘笃义

部分在荣校工作过的人员名单：

　　徐　信（新）、任庭辉、秦中朝、于现蔚、何玉兰、

　　金占魁、杨兴顺、罗亦藻、柳怀杰、田世书、

　　李福元、周发祥、苗玉香、贺怀恩、刘笃义、

　　戈　今、谢才贵、杨贞珍、胡丰珍、朱庭寿、

　　李秀兰、母思成、周万成、唐照国、谢金彪、

　　尚玉兰、马云峰、谭新华、陈诚钜、阎　新（颜秀英）、

　　陈振亚、张文秋、何光春、王显兰、何炳文、

　　蒲文清、王　群、毕　珩、何长工、卢富贵、

　　季　秉、李玉明、杨世旺、周成智、米国建、

万子英、兰显辉、钟全铭、赵汉钦、张原洲、

李清云、张子云、单　克、王良子、樊福生、

贺生祥、王付兴、吴之胜、杨连付、尹玉章、

陈良才、袁应白、徐玉来、张万海、吴　兆、

王应堂、孙金海、刘成其、李凡其、方义人、

刘顺风、王本利、赵树川、白占寓、刘耀山、

谢　良、杨　霖、宋　介、刘西之、赵华生、

杨延生、李　华、汪运先、王玉林、许　新、

司　锐

▶ 延安荣誉军人学校校长王群和他的夫人毕珩老师

▶ 政治部主任陈诚钜和他的夫人阎新

▶ 1941 年 4 月陈诚钜到荣校工作的任命书

▶ 1945 年 8 月陈诚钜到荣校工作的任命书

十六、人走心留：撤离延安情难舍意难离

1947 年初，国民党军队对延安发起大举进攻。胡宗南的几十万军队，呼啦一下子就压向延安，妄图在最短时间内，把共产党和共产党所领导的革命队伍，把陕甘宁边区的革命政权，把这个革命的红色根据地，统统消灭掉。然而，用兵如神的毛主席胸有成竹、指挥若定，早已为保卫延安、保存革命力量和革命根据地，作出了暂时撤离延安的战略转移决策。父母所执行的，是东渡黄河、向晋察冀边区转移、向大别山进军。

真的要撤离延安了，孩子们的心里充满了依依惜别的深情。因为他们只知道队伍要撤离延安，可不知道什么时候再回来，也不知道大家什么时候才能再见面，才能一起上山摘酸枣，才能一起去地里抓虫子、挖土豆、摘西红柿。

尽管放弃延安、撤离延安是暂时的，但对每一个延安军民来说，无疑都是沉重的。因为这里的一切，如那些沟沟坎坎、山山岭岭、一亩亩庄稼、一眼眼窑、一畦畦菜、一栏栏猪、一群群鸡、一缸缸酸菜等，无一不是延安军民共同亲手创造、建设起来的。现在说一声撤离、放弃，谁人能不心疼呢！所以，大家是能深埋的就埋，能设法带走的就带走。实在没有办法深埋或者带走的，也不能

完好地留给敌人，只能忍痛毁坏。

　　荣校全体人员，包括因重伤残不能转移出去而就地安置的，都紧张有序地进行着各种准备工作。母亲为了不影响出发时机，不停歇地打理着家里的事情。拆的拆、改的改、缝的缝、补的补、埋的埋、藏的藏，忙得不亦乐乎。把不能带走的腌酸菜、腌猪肉、干辣椒、土豆、蔓菁、苗子白，把从棉被、棉衣里掏出来的棉花、自己纺的毛线、棉线等，一部分送给当地老乡藏埋，其余的就埋在自己挖的深窖里。这些窖都是挖在比较隐蔽、难找的地方，不易被发现。母亲不仅自己这样做，还热情地帮助其他邻居。母亲说得好：延安没有那么好进。让龟儿子们来了吃的喝的都找不到。窑洞里没有窗户没有门，盖没盖的，铺没铺的，剩下个炕，还是塌的。个个窑洞都是冰锅冷灶。让胡宗南和他的兵，渴死、困死、饿死在空空的延安！

　　母亲在整理家里东西的时候，什么都舍不得丢掉，就连那些针头线脑和各种碎布片儿，都包好捆起来。母亲说队里大人娃娃多，行起军来，这些东西都是宝贝。要不，到时谁要缝个什么补个什么，可是没地方去找。母亲还说，别小看这些不成材的东西，它们在行军路上可是能派上大用场啦！再说，这都是边区人民自己亲手生产的，丢掉太可惜，带在身边多踏实。不管自己受多少累，也得带上。

　　延安的劳动模范李凤莲阿姨，是母亲长征的老战友。她们在延安这块土地上共同生活战斗了十年，有着十分深厚的革命友谊。这次转移，李阿姨要与母亲分开走了。她很难舍地对母亲说："文清，我们这次分开，还不知道什么时候才能见面。我给孩子们做点什么吧！贤忠（她叫着我的小名）这次跟着队伍步行要吃苦了，我就给她做双鞋吧！"

李阿姨手巧，针线活儿好。这样，她连夜为我赶做了一双绿面的鞋，还在鞋帮上绣了美丽的花朵。绣花鞋一上脚，我再也舍不得脱下来。离开延安的时候，我就是穿着这双绣花鞋踏上的行军之路。我白天穿着走路，晚上宿营睡觉的时候，就脱下枕在头下。遗憾的是，在过黄河上船时，被挤掉一只掉进了河里，都来不及看一眼，那鞋子就被浊浪推向远方。但在我心中，留下了对李凤莲阿姨的无尽感激和思念。

当年，总务科的几个叔叔，为了大家也是为了我们娃娃们生活的方便，特别请当地的石匠打了一副石磨。他们可以给我们磨豆浆，而且石磨是在离我们住的窑洞不太远的地方给安装好的。安装时就害怕安不稳当。现在可好，想拆都拆不下来了，只好埋起来。但是大家相信总有一天会再回延安。

第四篇
不灭的延安灯火

一、寻史 30 年：延安荣校的红色记忆

    我是在延安下寺湾出生的延安娃。我也是在延安荣誉军人学校出生的荣校的孩子。从 1941 年 8 月出生至 1947 年 3 月离开，这 6 年，给我幼小的心灵打下了不可磨灭的印迹，对我人生的影响也非常深刻。延安自不必言，荣校，也是我与父母两代人魂牵梦绕的地方。所以，自懂事以来，就特别想知道荣校的点点滴滴。然而，没有想到的是，我竟然为此走过了 37 年漫长而艰辛的寻史之路。功夫不负有心人，由于自己的坚持，终于在延安革命纪念馆、延安文史文物局、延安新闻纪念馆、甘泉县文物局、下寺湾文管所、西安八路军办事处纪念馆、北京电视台、中央电视台、中国延安干部学院、陕西省电视台、西安市教育电视台、中国红色旅游网、光明网等，以及不少专家、研究人员、社会人士的关心、支持和帮助下，了解到从 1935 年 10 月，红军长征到达陕北后成立 5 所红军伤残医院；了解了毛主席对荣军及荣校的深情；了解了当年荣校与群众的鱼水之情；了解了荣校的许多故事；如此等等。相关方面恢复了延安荣誉军人学校的

回延安寻史，找到父亲当年的通讯员刘安在闫家沟安居的长子，特去看望

历史地位；在下寺湾恢复了当年荣校的遗址；修了路、立了碑；还找到 70 多名曾经在荣校工作过的叔叔阿姨的名单。更为可喜的是，还联系上 20 多个荣校后代，尤其是联系上当年我们一排窑洞住的陈诚钜、阎新，马云峰、谭新华，周万成、唐照国，贺怀恩、苗玉香，四家邻居的孩子。在陕西省荣军康复医院的帮助下，于 2018 年 4 月 12 日，五家孩子的代表在北京天通苑我家，举行了自 1947 年 3 月下旬转战陕北分别 70 年后的首次聚会。十几个人相聚的那一刻，喜极而泣：分别时的孩童，见面时已两鬓斑白……荣校的父辈们虽然不能享受到这次历史性相聚的激动喜悦，但后代们的幸会也是对父辈们最好的慰藉。

▶ 当年闫家沟山上坚壁清野挖的土窑通风口　　▶ 闫家沟

▶ 刘弟沟荣校遗址

▶ 刘弟沟荣校遗址

▶ 荣校闫家沟遗址

▶ 荣校在旬邑县遗址

二、读何丽《不灭的延安灯火》感言

延安，是中国九百六十万平方公里国土中最为炙热的一块土地，也是中国儿女心中的一块热土。按下炎黄子孙共同寻根祭祖的民族圣地延安黄陵县不表，延安在中华儿女的心里是孕育梦想的摇篮，更是新中国蓝图的诞生地，老一辈的革命家们在延安为新中国辛劳地播种和努力着。

作者何丽生于延安，长于延安。现在进入古稀之年的她又以炽热的赤子情怀书写和怀念延安。《不灭的延安灯火》一书以"革命的红色摇篮"——延安为载体，以父辈们对革命对新中国艰苦卓绝的努力为线索，以一个受延安精神和革命情怀熏陶的延安娃的记忆为切入点讲述了十三年激情燃烧的延安岁月，向读者呈现心中那不灭的延安灯火。

这本书最大的风格就是用心。作者没有设置跌宕起伏的情节，没有写高大上的人物形象。书中所有关于前辈的、父母的，关于延安个人印记的文章都是生于心底，流于纸间。作者用最平实的语言向我们娓娓道来父母亲在延安刻骨铭心的峥嵘岁月。毛主席说过："世上最怕用心二字。"作者这种最为真诚的写作方式能让和她有共同记忆的延安儿女在书中看到过去生活的印记，无论生活得富裕或清贫，快乐或忧伤，都能从书中得到最原始的生命动力和母亲般的抚慰。对于当前的年轻人而言，这是以一个独特的个人视角了解延安和革命精神的一个途径。

正因为作者的这种质朴和用心，在读这本书的时候笔者不禁数次潸然泪下。书中精彩之处俯拾即是，笔者不再一一赘述。作者写这本书的初衷，在结尾时点到了，吃水不忘挖井人。这是一本可以从个人生命体验追溯到民族发展的书。读者可以再一次领会革命前辈的英勇艰辛，感受红色延安精神的伟大力量。除此之外读者带着一颗虔诚的赤子之心去读这本书的时候，延安的灯火定会点亮你心中的希望，重燃生活的热情。可见，这更是一本充满感恩和关怀的书。

▶ 延安中央大礼堂

第五篇

永远的长征精神

一、百姓情怀：胡同里的红军奶奶

　　北京市东城区交道口附近的胡同里住着一位有着非凡革命经历和传奇故事的老人。50 多年前，她为了支援建设自愿离开国家机关，在不拿一分钱工资的情况下默默无闻地在街道工作了 23 年，被人们亲切地称为"蒲大妈"。几十年来，蒲文清老人过着平淡宁静的生活，过往的荣耀和辉煌早已如云淡风轻般从老人的心中远去。

　　1956 年，蒲文清响应国务院、中央部委支持地方的号召，提前退休到北京市东城区交道口街道办事处，先后担任妇女主任、治保主任、居委会主任和居委会党支部书记，曾被选为东城区和北京市人大代表，东城区和北京市党代表，先后五次受到毛主席的接见。1960 年，她响应北京市政府关于搞好城市经济发展和人民生活的号召，创办了北京市第一个街道服务站。她服务社区的事迹，曾在劳动人民文化宫展出三个月，并被许多媒体报道。1978 年重回交通部，任政治部组织部四处休干管理组专职支部书记，1979 年光荣离休。2011 年 6 月 26 日 6 时不幸病逝。

老红军蒲文清在交通部大门口卖《北京晚报》

▶ 蒲文清在担任居委会主任时,每天到她原先工作的交通部大门外卖《北京晚报》。每当这时总是有很多人围观,而她本人却很自然,很认真地叫喊着:《北京晚报》,两分钱一份

"北京晚报,两分钱一份",这是60多年前一位铁杆读者和卖报人的叫卖声。这带有浓重四川口音的卖报人,是一位响应国家支援地方而提前从交通部退休的在街道服务工作的红军女干部。她就是在交道口这一片儿很受群众欢迎和尊重的蒲文清同志。她就是我敬爱的母亲。

当年的《北京晚报》,被群众誉为地气十足的"亲民"报。因为从它面世的那一刻起,报上所反映的大多是老百姓关心的社会大事小事。加之便宜,家家舍得挤出二分钱买份晚报看看。

我的父母也不例外。从《北京晚报》创刊的那一天起,对于我们这个清贫而又有些生活困难的家庭来说,它就成了我家的当家报纸。全家人只要下班、放学回来,不管大小都顾不上吃饭,先抢晚报看。

那时的晚报没有现在这么多广告,所以从头到尾都值得好好看。关键是各种消息多,尤其是反映老百姓的事儿特别多,感觉很亲切。后来"文化大革命"的种种遭遇就不必提了。代替报纸的,是每天铺天盖地的各种小报和五颜六色的传单。不管这些多么热闹，它也代替不了《北京晚报》在我们家人心中的位置。所以，天天下午期待的，就是三四点钟到手的《北京晚报》。

"文化大革命"的发生，这一切都随之改变。母亲狠心把订阅好些年的《北京日报》《参考消息》等都退了，只留下了《北京晚报》。于是，晚报就成了母亲学习、生活中最亲密的伙伴。后来，晚报被迫停刊，母亲心中有些失落。

而当《北京晚报》复刊的消息一经证实，母亲兴奋得立马快步走到地安门邮局，恢复了晚报的订阅。这一订又是40多年。

母亲对《北京晚报》为什么这么喜爱？这要追溯到60年前的1961年了。

1961年，交南居委会建成的服务站大大方便了群众。可是，怎样才能让群众得到服务的实惠呢？总不能等着群众上门吧。母亲认为，办服务站是为了方便群众。现在办起来了，就要主动地、热情地为群众服务。她找大家一块儿商量，怎么让服务站运转起来。母亲知道，这对于刚刚走出家门的妇女们来说不容易。但是这第一步总得走出去啊。做任何事情都是"只怕站，不怕慢"，总得要动起来才行。于是，母亲首先把我家的破旧被套拿到服务站来弹，又动员同院儿的邻居。她还向父亲介绍服务站能做这做那，并让父亲向行政处和部里的双职工介绍一下。

其实，母亲的心里早就打好了主意：她准备带领大家从卖《北京晚报》着手。因为那时的人都知道，《北京晚报》是群众最喜欢的报纸，很多人都说它是专门为老百姓办的报。当时人们都不富裕。因为那时一个人每月的生活费也就八九块钱。可是大家又都喜欢并且想看这份报，怎么办？

所以，她白天走晚上赶，把交道口、北新桥、宽街路口，以及北京中医医院大门口的一些卖报摊点都走到了。她看得清楚：哪个地方儿都有等着买报的。只要《北京晚报》一到，等着的和路过的，全都抢着买，一摞一摞的晚报，转眼就卖光了。母亲养成的看报习惯是先浏览大标题，然后按照她自己的重点，一段段看下去。这个时候，谁要是打搅她，她肯定跟谁急。

《北京晚报》，你可知道，北京有这样一位，与你有着 60 多年情分和缘分的革命老同志吗？

但是，我这位与《北京晚报》有着几十年深情厚谊的母亲，于 2011 年 6 月 26 日下午 6 时，因突发心梗逝世。去世前一个多小时，她还在楼下与乘凉的老朋友们聊天儿、说笑话；她还亲自去传达室拿了《北京晚报》，又唱着歌上二楼到家。就在她坐在小床上打开晚报，还没来得及看一眼的瞬间，身体就突然歪倒。就这么一下，母亲再也没有醒过来。等 120 急救车赶到，母亲的心电图已经显示出一条平线。可以说，这是母亲 60 年来，唯一一次没有看到当天《北京晚报》的任何消息。《北京晚报》啊，你失去一个有着 60 年深情厚谊的铁杆读者。但是，我将母亲卖晚报的照片及有关"老红军蒲文清在交通部大门口卖北京晚报"的文字，连同其他珍贵历史资料，捐赠给"中国妇女儿童博物馆"。让后人看到并学习红军的百姓情怀，小故事大精神！

小学"校外辅导员"

母亲在街道居委会工作的 20 多年间，一贯重视革命精神和革命传统的宣传教育。她数千次受邀去工厂、机关、学校和居民群众中，以自己的亲身经历讲长征故事、宣传长征精神。

母亲在街道 20 多年最大的乐事，是担任小学"校外辅导员"。在她的记忆中，好像香饵胡同小学是正式聘请的，其他交道口这片儿的府胡同小学、府学二小、园恩寺小学、帽儿胡同小学、宽街小学、黑芝麻胡同小学等，都

▶ 蒲文清一贯重视对孩子的教育。她长期义务担任小学"校外辅导员"。她不仅注重对自己孩子的教育，而且特别注意对到家里来的孩子们的教育。这是她担任香饵小学校外辅导员时给在她家学习的孩子们讲革命故事。照片中的赵毅长大工作后还来看过"蒲大妈"

是母亲主动参与或要求的。这些小学的校长、主任、负责校外工作的老师、大队辅导员，以及传达室的师傅，几乎没有不认识和不熟悉这位蒲奶奶、蒲大妈的。就是几十年后的今天，每当我在医院看病或者在街上碰到这些熟人，他们的第一句问话准是"蒲大妈好吗"。在母亲的心里，她做的这个工作和这些称呼，是她的荣耀和自豪。在居委会工作之外，这些就是母亲的全部。

校外辅导员的主要工作，是负责和管理孩子们的校外教育。校外，就是放学离校以后，以居住较近的几个孩子为一个学习小组，固定到一个人家，由这家的家长或一个大人，专门负责这几个孩子做作业、玩耍、安全教育，等等。看起来简单，实际上这是件很费

心、劳神，而又需要有热心、有爱心、有耐心的苦差事。

母亲除了担当这些小学的编外校外辅导，又担任了在香饵胡同小学上学的弟弟这个学习小组的辅导员。这个小组就在我家。尽管那时住房很紧张，父母还是设法腾出了一块供他们专门使用的地方，什么小板凳、水杯子、夏天的凉开水、冬天的热开水、草稿纸、削铅笔刀、砂纸等，只要母亲想到的，她都给备齐了。孩子们每天下午放学后都到家里来学习、做作业，既方便又亲切。学校老师和家长，都管这叫"过小组"。现在还留有一张当年这个小组的孩子们，做完作业后听母亲讲革命故事的照片。

这些孩子在我家门口的台阶上，围坐在母亲跟前，有的用手托着下巴，有的目不转睛地盯着母亲，有的使劲伸着脖子，聚精会神地听她讲故事。这虽然是每天都要进行的，但孩子们每天都像是第一次听一样。前些年，有个四五十岁的中年男同志，突然到母亲家去看望她。那人站在母亲面前好一会儿，母亲愣是没有认出他是谁，还一个劲地问他找谁。当那人叫了一声"蒲大妈"，接着说他叫赵毅时，母亲手中的东西一下子掉到地上。她惊呼："你是赵毅？"就立马把赵毅拉到自己怀里，又叫他坐在沙发上连连发问："今年多大了？在哪里工作？有孩子了吗？孩子多大了？父母都好吧？"不等赵毅回答完，母亲又提起多年前学习小组的其他孩子。这赵毅是谁？原来，他就是照片中那个用手托着腮的漂亮男孩儿。

宣传长征就是进行革命教育，是对后代进行的传统教育。这可太重要了！母亲非常倾心和投入这个工作。她以自己的行动证明，她没有辜负"校外辅导员"这个称号。当年，为当好这个辅导员，她不关心我们住校的大孩子，还把三个年幼的弟妹都送进幼儿园托儿所。以使自己有更多的时间和精力，去关心和参与她所担负的校外教育工作。别看母亲对我们这样，可她对学习小组孩子们的学习、教育，甚至饥渴都十分关心在意。母亲不但关心爱护这些孩子，也决不护短。谁该表扬、谁该批评，她做得透亮分明，一点也不含糊。包括她的儿子，也就是我的三弟弟，该受到的表扬，她可能会含糊一点，可要是犯了错误或发现什么毛病，那可就不是批评一下的问题了，弟弟若是嘴硬或犯犟，还会招来几巴掌。母亲说，孩子们在她家过小组，就一定要对小组的每一个孩子负责，既要关心爱护他们，更要严格要求他们。包括自己的儿子在内，她始终是一碗水端平，不偏不倚地对待他们每一个。母亲还有一点不同于其他辅导员的地方，就是母亲不但熟悉小组的每个孩子，而且对每个孩子的家庭情况，和他们的父母乃至兄弟

姊妹都熟悉。所以母亲始终保持着与学校，与所在班的班主任，和他们家长的联系。其实，学校没有这样的规定，家长也没有这样的要求。母亲之所以这样做，是因为她认为，孩子的作业一会儿就做完了，而你对孩子们潜移默化的家庭影响和教育，对他们的一生都很重要。

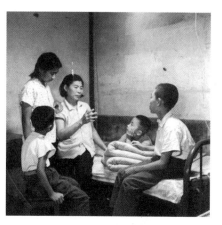

▶ 一贯坚持艰苦奋斗勤俭节约的蒲文清，从不放松对子女有关革命传统的教育

▶ 开展的弹棉花业务很受群众欢迎，刘副所 ▶ 蒲文清天天都是这样工作
长亲自在柜台收活儿

创建街道服务站

交道口街道交南大街服务站，是 1961 年，由街道居民创建的北京市第一个街道服务站。随着国家政治、经济、社会生活的发展变化，随着北京市城市发展变化和总体规划的实施，街道服务站早已完成了它的历史使命，交道口地区，也已然发生了巨大的变化。但是，回忆起我母亲她们那一代街道居民，在办事处领导下创办服务站的点点滴滴，依然令人感动不已、赞叹不已、佩服不已。

1961 年，全国人民都在经历着国家的困难时期。在党中央领导下，北京市委和市政府发出了搞好城市人民生活的号召。创建交道口交南服务站，正是在这种形式下搞起来的。为了响应政府号召，为了方便群众的经济生活，母亲带领党支部和居委会一班人积极行动起来，发动居民群众创建街道服务站的想法和做法，得到了街道党委和办事处以及群众的积极支持。所以，母亲就把全部心思和精力都放在了筹建服务站的工作上。虽然经历了"四人帮"浩劫的"文化大革命"，但我还是珍藏了当年交道口党委宣传部李志敏同志拍摄的当年服务站的一些照片。这些照片所展现的形象，会比文字更生动、更具体、更真实、更感人。

服务站不但有照片上反映的，还有废品收购站、弹棉花站、鞋袜帽修理店、拆洗缝补等服务站。同时，还建立起小吃店、干杂货铺等饮食服务点。服务站的条件虽然很简陋，地方小，服务人员也没有经验，但还是受到了上级肯定和表扬。因为它的直接、方便、灵活，得到群众和驻地的一些机关、单位和学校、幼儿园的欢迎。因为，服务站不但方便了群众生活，而且，使一大批闲散的街道妇女走出家门，走上自力更生、服务社会的"五七道路"。这在当年的北京市曾经引起报刊、电台等新闻媒体的热情关注。

我至今还保留这组珍贵的照片。原片虽然已经捐赠给中国妇女儿童博物馆，但他们复制给我的比原片更清晰。每当看到母亲带领居民搓布条儿艰苦奋斗、自力更生创业的照片，看到母亲拉着板儿车和姊妹们收送群众弹的棉花的镜头，每当看到母亲在交通部大门口高声喊叫卖晚报的形象，每当看到母亲和服务站的众姊妹们亲切交谈的情景，每当看到母亲作为香饵胡同小学校外辅导员给学习组的孩子们讲革命故事，进行传统教育的照片，以及看到弟弟妹妹自己洗衣服、吃野菜等照片，那些场景都像是过电影一样历历在目。那是一种亲切感，但更是一种鞭策和激励。岁月过去了，但留在心底的是永远不灭的记忆。

母亲带领居民创建了北京市第一个街道服务站的事迹，感动和教育了无数人。在群众的强烈要求下，这些珍贵的照片，代表街道服务站的先进事迹，当选为1961年北京阶级教育展览会的展品，和全国劳动模范时传同志的先进模范事迹，在北京劳动人民文化宫大殿先后展览了三个多月，受到各界参观者的好评与欢迎。

可惜经过50年的历史变化，尤其是"文化大革命"的浩劫，当年的参与者和见证人，去的去，走得走，散得散。就我所知，当年熟识的老人儿已经很少了。只要她们有机会见面，保准说不上几句问候的话，就又说回到当年去了。服务站那门脸、那收活儿的柜台、那郝佩珍、那大马志军、那小刘，还有些个忘记了名字只记得模样的，都会活灵活现地出现在她们的记忆中。是高兴也好，是遗憾也罢，只要是记忆中的，就都能带给她们无限幸福的回忆。为什么呢？她们说，那个时代的印象太深了。姊妹们同甘共苦、艰苦奋斗的事太多了。而留在心里念想最多的，是谁都没有私心，不懂得什么是计较、什么叫攀比。要说居委会、服务站缺少个什么、急需个什么，大家都争着把自个儿家的往外拿。

时至今日45年过去了，许多东城区和交道口的老人们，还能清晰地回忆起当年的情形。回忆这段往事，母亲也还记忆深刻。她说："当年居委会的那些老姊妹们，大都没有什么文化，也没有见过什么世面。可是，她们爱祖国，爱社会主义，听党的话。她们有特别高的阶级觉悟。党叫干啥就干啥。她们不会跟组织讲价钱。在居委会工作没有一分钱，搞服务站也没有一个镚子儿。就因为她们都有一颗为群众服务的红心，所以白手起家、吃苦耐劳、艰苦奋斗、不计报酬，拼了全力把服务站建起来。我一个人再有能力，再有本事，觉悟再高，也干不成。红旗是大家劳动挣来的，功劳是大家的。我只是她们的一个代表。什么事，只要我带个头，卖报、拉车、拆洗缝补、收废品什么的，她们不用说就全都跟着干起来。可惜呀，她们当中许多人都去世了，也有些人随儿女拆迁搬家了，还有像我这样年老腿脚不便的。大家要想见见面，一起说说话，都不容易了。我真想这些老姊妹们！"

这些话听起来，似乎让人感觉有点伤感，其实不然。因为，我们太了解自己的母亲了。母亲不仅是个热心人，也是个有感情和念旧的人。对当年与她共事 20 多年的老姊妹们，母亲的心里都有一份深情。而当年，大家一起白手起家一心一意干工作、搞服务的革命精神，成为母亲永远的回忆。母亲常说："干革命靠的是一种精神。这种精神就是奉献。20 世纪五六十年代的人就是靠这种精神，建设我们的国家。现在搞改革开放、谋划人民的小康生活，照样需要这种精神。要全国贫困地区的群众改变缺医少药、贫困、教育落后的状况，要全国人民共同创建美好生活的和谐社会，同样需要这种精神。因为奉献精神，就是毛主席讲的完全彻底为人民服务的精神。这是共产党的宗旨，是我们永远不能忘记的。"

前几年，我有机会见了当年居委会的老委员李秀媛和梁文秀，她们和母亲在一起工作和相处 40 多年。她们说，母亲几十年从不争名利，一心一意为群众办事的老一辈革命家的作风，最让她们感动和佩服。后来当母亲离开居委会回到交通部后，母亲的"56 元钱精神"依然在感动和教育着一茬茬儿居委会的接班人和众多群众。当然也包括我们子女在内。

卖血妇女周阿姨

这段友情让人难忘，更让人感动。

我只知道这个妇女姓周，我们叫她周阿姨。她住在大兴胡同，高高的个子，四方大脸，说话粗声粗气，看起来很能干，只是脸色不好看。母亲说，她是在居委会当主任的时候认识的周阿姨，同时还知道她家生活很困难。我们看出来，母亲对周阿姨很同情也很体贴，而且，总是想方设法帮她点儿什么。

母亲经常爱在家里翻箱倒柜，不知道她找些什么。她还经常拿点儿家里原本就不多的东西，甚至还有刚刚蒸好的馒头，也不知道她要干什么。直到1961年我上高三才解开这个谜。突然有一天，这位周阿姨到家里来找母亲。赶巧母亲开会不在，我才从周阿姨那里听到了她与母亲的友情与约定。

周阿姨家一直生活困难，因丈夫去世，孩子多，又要上学，还要顾及老人。虽说那时学费不高，可好几个孩子加在一起也不少。每月生活费虽然不高，那也得需要钱呀。她不好意思找政府要救济，就一直靠着卖血养家。有时，孩子生病或有其他意外，她就要多卖一些。这样血就稀，医院不愿要。她没办法，就苦苦哀求。为家中的生计和孩子们上学，她拾过破烂儿，还当过临时工。居委会也知道她家情况，总是想方设法帮助她。

母亲知道周阿姨的情况后，非常同情她。她自小就备受苦难和煎熬。所以，就想给周阿姨一些帮助。这样，母亲经常接济一些孩子们的衣物、粮票、粮食、米饭、馒头等，有时挖的野菜，也不忘给周阿姨送上一点儿。但母亲与她有约定：母亲所做的一切，她不能对别人说，也不能到家里来道谢。母亲对周阿姨说："我从小受苦，懂得受苦人的心。天下受苦人是一家人。我能帮你做些什么，别嫌弃就行。"这些，我们怎么能知道，母亲是在背着家人帮助周阿姨呢！

　　母亲有些老战友是部队的，她们虽然有的已不能坚持正常工作，可是没转业也没退休，在部队养着，而且部队的待遇好。空后中将石钟汉将军的夫人杨淑兰、卫戍区政委刘绍文将军的夫人赵慧兰、军区副政委任荣将军的夫人黄玲，以及中宣部副部长张际春的夫人罗屏，谢觉哉的夫人王定国，等等，这些老同志都知道我父母从部队转了业。父亲虽然是交通部办公厅副主任，但工资并不是太高，母亲退了休。我和两个大弟弟当时在华北军区八一学校读书。我因为是战士待遇，在学校的待遇是完全供给制。两个弟弟是带保育费上的学，所以转业后的父亲每月要给学校交伙食费和每季的服装费。加上又上小学和托儿所的小弟弟妹妹，所以家里生活很紧张。这些老阿姨们都没少帮助我们，既有钱，也有衣物、粮票或生活用品。

　　自从母亲认识了周阿姨之后，她和她家的孩子，也与我们一起分享着这些阿姨们的帮助。我还记得，母亲总是从她们送来的东西中，找出一些适合周阿姨家孩子穿戴的，或者是其中一些比较好的东西留给他们。母亲说，我们大家共同分享友爱，共同分享快乐。每当这时候，周阿姨都特别感动。她问母亲，什么时候能见见这些老红军，见见这些好人。她还真诚地说过，她一个城市贫民，一个靠卖血养活孩子的穷人，怎么能享受老红军的帮助呢！她心里实在是承受不起呀！母亲安慰她说："不是跟你说过好多次吗，红军也是老百姓。红军就是为了人民和老百姓过好日子才革命的。"周阿姨对母亲说："我听您的！等孩子们长大了，有出息了，再给这些爷爷奶奶们磕头致谢。蒲主任您相信我，我老周是知恩图报的人！"

可是，周阿姨并不知道我家的困难，更不知道母亲为了能给她家提供一点力所能及的帮助，自己是怎样费尽心思的。她不会知道，也许不会相信，1961年，父母用10元钱和窝头片，送自己的儿子贤林到广州去当兵。走的时候，父母为他准备的是洗干净的旧衣裤，一只旧皮箱。因为他去广州，路途比较长，家里给他准备路上吃的东西是烤好的窝头片儿，一点儿自腌的咸菜和炒黄豆，还有一壶凉开水。因为没有那么多钱，父母总共给他10元，哪里舍得让他去餐厅买饭呀！但弟弟走时特别高兴。全家送他到大门口。我记得，母亲看到远去的弟弟流泪了。等我们回到家，母亲又是一脸的笑容。

就这样，母亲帮助了周阿姨好几年。

在母亲与周阿姨的接触中，慢慢摸出她去卖血的规律。所以，在卖血前几天，母亲总是想办法弄点吃的给她，或者是等她卖血之后。让她养养身子，因为卖血的日子长着呢。孩子得一天一天地长大。

周阿姨终于熬出了头。她的孩子也终于长大了、工作了，我记得还有个当兵了。她对母亲在她困难时给予的帮助，在她绝望时给予的鼓励，在她愁闷时给予的快乐，她都记在了心里。甚至有好几次，周阿姨买东西来看望母亲，那眼神里充满感激之情。母亲让周阿姨把东西拿回去，并告诉她，自己做的那些是群众工作，是自己的职责。要谢就谢共产党，要报答就报答新社会，让孩子好好工作，让周阿姨好好活着。

我曾经问过母亲："周阿姨是一片真诚，你让她把东西拿回去，她多伤心呀！你这样是不是太过分了？"

母亲说："有什么过分？一点也不过分！当初帮助她就从来没有什么图回报的意思，更没有想让人家送东西感谢，现在为什么要收东西？哪个共产党员把群众工作变成个人恩怨了？我们应该为她家的变化高兴。你收了她家的东西也是违背了我的意愿。有一就有二，有二就有三！我们记住与周阿姨的友情就够了！"

如今几十年过去了，母亲心中对周阿姨依然情意浓浓，思念无限。

正因为母亲对居委会有如此深的情感，所以母亲在严格要求自己的同时，也注意以自己的行动影响别人，维护居委会的形象。"文化大革命"结束后，处理了大批无人认领的查抄物品。在居委会处理的物品中，有一件适合母亲穿的棉猴。大家都说母亲没有大衣，让她要了这件，还说："难得碰到这么便宜的大衣，就买了吧！"母亲先谢谢大家，然后严肃地说："那可不行！大家生活都不富裕。便宜的东西谁都需要。咱们党员、居委会主任们，应该先尽着群众。在便宜和个人利益面前，咱们都应该往后站！群众在看着咱们呢！"就这样，母亲他们居委会的主任连同居民组长，没有一个人买这件棉猴，也没有一个人买这些处理物品。而是将这些东西卖给了困难的居民。主任们虽然没买到便宜衣物，但大家心里特别痛快！居民们也夸奖说："看咱居委会，主任们把方便都给了咱们老百姓。还是蒲主任带头带得好。"

二、清正廉洁：公私从来不是一家人

公费医疗必须坚持原则

离休干部生病受到政府照顾是应该的，而有些人的家属甚至三亲六姑八大姨也跟着沾光，这是母亲不能容忍的。母亲说这叫"揩油"，这叫占国家的便宜。无论是上千元的检查、化验或一些名贵药品，还是小到几分钱的一片药，母亲都严格遵守公费医疗的相关规定，不准我们家属沾她的光，就是她自己在公费药和自费药的吃用上，也绝对公私分明。

有一次妹妹感冒很重，无意中拿了她的一盒感冒冲剂和板蓝根冲剂，她很严肃地问妹妹为什么沾她的光。还说："你有你的公费医疗，为什么不到规定的医院去取药？"我妹妹不以为然地说："怎么了？感冒药又不是什么名贵药。"母亲一听有些生气地说："在看病吃药的问题上，应该遵守规定和原则，要不然就全乱了。什么时候也不能乱沾光，这是个严肃的公私问题。现在所以有些人乱来，就是因为他们不遵守国家的政策规定。你们可不要小看这个问题。"妹妹没想到，两盒感冒药惹得母亲这么不高兴，赶忙说："别生气了，以后再也不这样了。"

有事回自己家去打电话

交通部为母亲装了电话，当时由公家负责电话费。我陪她的一段时间，经常打电话。开始我并没有在意，后来发现，怎么我一接电话或打电话，母亲就站在我旁边，不说也不动。看我说时间长了，就说："有什么事打这么久的电话？"我心想：打个电话能费多少钱！

终于有一次，母亲忍耐不住了。她对我很生气地说："你怎么也学会占便宜了？电话是交通部给我安的。我没什么重要事都不打，因为电话费是部里出。你可好，有事没事就打电话，一打还没完没了的。这样可不行，三个月要浪费公家多少钱呀！以后在我这儿少打电话，有什么事到自己家打去！"我真没想到打电话会引起母亲这么不满。当时也有点感情用事，就对母亲说："打电话我给你交钱。""给钱也不行，这不是公用电话。"我知道母亲是对的。从那以后，我和我的弟妹们在母亲家打电话就很注意了。

小汽车票

母亲回到交通部工作后，每个月还给她发汽车票。这票是找部里要汽车外出时用的，是行政处自己印的，但这个票不能当钱用。这主要是为方便她们看病、外出办事或者老同志互访等。这个票用完自理，节约下来的可以去部里换成钱归自己。许多干部对组织的这个做法表示欢迎并心存感激。母亲则不然，她总觉得这样不妥当。她虽然没有向部领导提出来，但基本上是只领不用。即使看病用几张，绝大部分都省下来了。省下的票，母亲把它们作废了，从来也没有去部里换过钱。母亲为什么这样做？她认为，组织对老干部已经照顾得很周到了。用车剩下的票，怎么能换成钱归自己呢？

这不是明摆着占公家便宜吗？她是绝对做不来的。

装修厨房

交通部曾帮助老红军装修厨房。这方面的事母亲虽然不懂，可知道买的每一样材料都要发票，为了省钱连橱柜都没做。这样全部活儿做完后还剩下 1000 多元。她说："不能理所当然地接受组织帮助。"所以一直坚持让弟弟把全部发票和剩下的钱送回部里去。可行政处主管说，当初就给老同志说清楚了，部里给的钱本来就不多，实际解决不了多少问题，怎么能省下钱呢？就让弟弟把剩下的钱和发票拿了回来。母亲不听，还让送回。部里还是不收。到现在已经好几年了，那堆发票和余下的钱，还在柜子里完好地锁着！母亲说："放着就放着吧，等我死了后交党费。我是公家的人，怎么还能贪公家的钱呢？"

但是，母亲非常愿意帮助群众。即使是刚买的鸡、正做饭烧着的蜂窝煤炉、给我们刚补好的衣服，甚至刚刚蒸熟的热馒头，都会拿去送给急需的人。她认为，我们对国家、个人必须公私分明。我们对群众不是什么公与私的问题，而是阶级感情。所以她支持和鼓励我们助人为乐。母亲说："人都生活在一个社会大家庭里，有了困难要大家相互帮助，不能光靠政府。政府有政府的责任，我们有我们的义务。责任和义务是一致的，也没有公私之分。我和你爸爸都是公家的人，你们也是吃公家的饭长大的，连命都是公家的，还有什么公私之分的！"

三、穿越时空的歌：老红军手抄革命歌曲

母亲蒲文清生前爱唱歌，爱抄歌。这里选录母亲抄写的部分红军歌曲，聊寄对母亲的万般思念。

红军时期的

1.《当兵就要当红军》

当兵就要当红军，工农处处来欢迎。指挥员战斗员都一样，没有人来压迫人。

当兵就要当红军，配合工农杀敌人。买办豪绅和地主，坚决杀他个不留情。

当兵就要当红军，冲锋陷阵杀敌人。国民党反动派都杀光，民主革命来完成。

当兵就要当红军，退伍下来不受穷。会做工的有工做，会种田的有田种。

2.《送郎当红军》

风吹七里香，幺妹送情郎。哥哥当红军，咱们情谊长。

路上多保重，寒冷加衣裳，男儿打天下，生铁炼成钢。

穷人要解放，英雄上战场。

3.《凤凰山上祝红军》

红军啊，我一颗心给了你们。

祝红军，向北一路平安无阻挡，高举红旗上战场，要把敌人消灭光。

祝红军向北方，冒雨雪顶风霜，个个红军都健康。

有了你们红军在，劳动人民有希望。

祝红军向北方，天天壮年年强，红旗插在国土上。

赶走日本消灭白军，要让那苦难的人民都解放。

4.《八月桂花遍地开》

八月桂花遍地开，鲜红的旗帜树起来。张灯又结彩呀啊，张灯又结彩呀啊，光辉灿烂显出新世界。亲爱的工友们呀哈，亲爱的农友们呀哈，合唱一支国际歌，庆祝苏维埃。

5.《穷人翻身歌》

正月里来是新年，红军建立江口县。工农群众得解放，穷人翻身掌政权。

二月里来是花潮，推翻军阀顾饶军。军阀士兵齐哗变，却把红军来投靠。

三月里来是清明，红军打进平昌城。俘获川军无其数，枪支马匹数不清。

四月里来四月八，豪绅地主齐打垮。穷人推翻反动派，劳苦工农坐天下。

五月里来是端阳，穷人疾苦实难当。苛捐杂税如虎狼，豪绅地主活阎王。

六月里来炎热天，没收豪绅地主田。快快分给穷人种，从此不愁吃和穿。

七月里来秋风凉，红军更是好主张。取消苛捐与杂税，不缴租来不充粮。

八月里来是中秋，劳苦大众出了头。天月明亮人间好，不受压迫得自由。

十月里来小春阳，妇女同志很齐心。做鞋洗衣护伤员，都把红军当亲人。

冬月里来雪花飘，川陕革命起高潮。清算贪官和污吏，土豪劣绅都打倒。

腊月里来梅花开，到处建立苏维埃。敲锣打鼓庆胜利，欢天喜地迎春来。

6.《过党岭山》

党岭山自古人烟少，白雪茫茫无寸草。野兽绝来飞鸟却，冰雹啸啸如风嚎。

红军战士胆气豪，抗日过险道，革命意志贯九霄。铁足踏破冰川雪，钢臂劈山不动摇。

整垮玉龙闯北海，红缨万丈缚蛟龙。红军个个笑开颜，高呼万岁共产党。

7.《革命的友爱最深深》

革命的友爱最深深，不要忘了红军的光荣传统。爱同志要如弟兄，见同志要像亲朋。

亲亲热热好作风。我们一齐团结紧，完成一切力无穷。

8.《打骑兵歌》（一）

指挥员和红色战斗员，要努力学习打骑兵。十个骑兵的原则，一条一条记在心。

要沉着勇敢、学习军事，手中武器一刻也不要放松，准备战斗打骑兵。

9.《打骑兵歌》（二）

敌人的骑兵不可怕，沉着勇敢来打他。目标又大又好打，排子枪快放一声杀。

我们瞄准他，我们消灭他，我们打败他。打败骑兵唱赞歌，把红旗插遍全中国。

10.《红军三大任务》

红军三大任务，打倒帝国主义、铲除封建势力、实行土地革命。

红军是战士阶级，牢记反动豪绅，财产一律没收归公。

11.《二月桃花满山坡》

二月桃花满山坡，红军来去如穿梭。红旗插到山岗上，土豪劣绅无处躲。

12.《二月桃花真鲜艳》

二月桃花真鲜艳，嘉陵江畔阆中县。那年英勇红军到，全县人民齐欢笑。

自从来了共产党，劳苦大众得解放。童养媳妇翻了身，十三青春上战场。

无产阶级建政权，地主恶霸被打倒。没收财产给群众，人民拥护歌声高。

抗战时期的

1.《战斗学习歌》

我们鲜红的血迹，染红了抗大的旗帜。用英勇的战斗，保卫了学习的阵地。

我们不怕疯狂的敌人，只怕自己不努力学习。为学习而战斗，战斗就是学习。

我们要战胜困难，壮大自己。

不要因为长期战斗，影响了学习情绪。我们昨天的斗争，是为了今天的学习。

今天的努力学习，是为了明天斗争的胜利。安心学习吧同志们！

谁不安心学习，我们就与他斗争到底。

2.《前进歌》

同胞们，我们团结在一起，奔向抗日的前方。前进，快拿起武器！

消灭侵略者，我们坚决打到底。紧跟伟大领袖毛主席，高举红旗前进！

紧跟伟大领袖毛主席，向着解放的道路前进！

3.《晋东南进行曲》

太阳照红了东方，春风吹荡着麦浪。自由地走，纵情地唱。

在这广大的平原上，我们没有见过这样大的敌人后方。

东到太行山，西到同蒲线。黄河怒吼着，武装着抗日的八百万民众。

八百万人的游击战，打得敌人无处藏。你敢从哪里进攻，就立刻消灭你在哪里！

4.《无敌的八路军》

我们的名字是第八路军。我们的总司令是朱德同志。

在党的领导下，我们踏过雪山草地，高举起抗日的大旗。

六年来，坚持敌后抗战，获得了坚强的锻炼。胜利的旗帜照耀在前面。

响应党的号召，加紧学习，准备反攻，一年后赶走日本强盗。

勇敢沉着团结前进，我们是人民的子弟兵，无敌的八路军！

5.《小河的流水》

小河的流水，流过了村庄，河边长满高粱。

一眼望不到边的青纱帐，我们从小就生长在这个地方。

勤劳的兄弟姐妹，为了抗战生产忙。

同志们勇敢搏斗在战场，保卫着可爱的家乡。

我们怀着胜利的希望，明年定把强盗赶出祖国的边疆。愉快的歌声响遍四方。

6.《打靶歌》

走向打靶场，高唱打靶歌，豪语壮志震山河。

子弹是战士们的铁拳头，钢枪是战士们的粗胳膊。

阶级仇恨压枪膛，民族仇恨瞄得准来打得狠。一枪消灭一个侵略者！

7.《全国动员兵》

全国动员兵，一齐来出征。你看那红旗飘扬多威风。

这支队伍哪里来？西北陕甘宁。能将带精兵，四海多有名。

红旗下是咱们领袖毛泽东。周副主席并肩战，还有朱德总司令！

杀退鬼子兵，一齐下关中。百姓欢迎咱们子弟兵。

工农大众齐奋起，中国革命要成功。工农大众齐奋起，中国革命要成功。

8.《红旗在飘扬》

红旗在飘扬，我们跟着共产党，拿起枪，时刻保卫着祖国的边疆。

我们要和人民在一起，筑起那铜墙铁壁。

全国人民团结起来，奔赴那民族解放的战场。

9.《天高秋风起》

天高秋风起，家家赶棉衣。缝好棉衣裳，急忙送前方。

军民一条心，拿起镰刀拿起枪，武装割秋粮。

没有棉衣难过冬，没有粮食不能打胜仗。

歌唱祖国歌唱领袖

1.《祖国统一进行曲》

祖国统一民族振兴，这是我们炎黄子孙共同的心愿。

独立自主民主和平，这是我们中华民族世代的呼声。

前进，勤劳的姐妹们。前进，勇敢的弟兄们。

顺应历史潮流，完成神圣使命。让繁荣富强的新中国，千秋万代灿烂光明！

2.《祝福祖国》

都说你的土地真肥沃，都说你的花朵真红火，都说你的果实真丰硕。

都说你的信念不会变，都说你的旗帜不褪色，都说你的道路真宽阔。

我的祖国，祝福你。祝福你，我的祖国！

我把壮丽的青春献给你，愿你永远年轻，永远快乐。

我把满腔的赤诚献给你，愿你永远坚强，永远蓬勃。

你的苦乐不曾忘记，你的歌声永不落。祝福你，我的祖国！

3.《祖国明天更辉煌》

我们的歌声嘹亮，汇成黄河长江。我们的臂膀有力量，连成森林山岗。

旗帜映彩霞，阳光洒芬芳，大地织锦绣，蓝天奏交响。

跨越新世纪，祖国更辉煌。我们的明天更辉煌。

我们的脚步更坚强，迈向幸福吉祥。我们的胸怀多宽广，连接四面八方。

中流有砥柱，民族有脊梁。江河向海洋，人民向太阳。

跨越新世纪，祖国更辉煌。我们的明天更辉煌！

4.《党中央发出总路线》

党中央发出总路线，全国人民总动员。鼓足干劲、力争上游、多快好省加油干。

我们要做促进派，最响亮的口号是干干干！

5.《毛主席带了幸福来》

毛主席呀派人来，神兵下凡风扫乌云开。千年的大山被推倒，百万农奴站起来。

我们高举红旗火把哟，到北京献给毛主席啊，感谢他给我们带了幸福来，带了幸福来。

人长精神地长宝，金山堆上天外。我们捧上青稞美酒哟，哈达身上带。

到北京献给毛主席啊，感谢他给我们带了幸福来。带了幸福来，带了幸福来！

6.《跟着共产党走》

你是灯塔，照耀着黎明前的海洋；你是舵手，掌握着航行的方向。

伟大的中国共产党，你就是核心，你就是方向。

我们永远跟着你走，人类一定解放。我们永远跟着你走，人类一定解放！

7.《实现总路线》

推开长江千层浪，踢倒难路万重山。春雷一声震天响，跨上快马飞向前。

多快好省实现总路线，多快好省实现总路线。

我们跟着共产党，多快好省实现总路线！

歌颂革命友谊

1.《友谊永驻心头》

我身边有老战友，交往已很久很久；

有同窗也有战友，友情如山高海深风雨春秋。

如今，我们虽已双鬓银丝，友谊依然醇香似酒。

人生有欢乐也有忧愁，友情伴随欢乐散愁。

惆怅时化作一道彩虹，风浪时迎来一叶扁舟。

友情带来欣慰和长寿，让我们把友情拥有，让我们把友情拥有。

2.《老战士之歌》

风雪长城外，霜洒长江月。

黄河古道战斗的歌声，随着春风传颂，从雪山草地传到太行山上。

嘹亮的歌声传播着胜利的消息，从中原大地飞向四面八方。

战友们歌唱吧，歌唱吧！

老战士虽然已经白发苍苍，仍要把那青春歌唱。

为振兴中华继续长征，永远放射出生命的火光。啊，生命的火光！

3.《难忘的友情》

每当我们重逢时，总想念起，那太行山的雄伟，那沂蒙山的秀丽。

炮声歌声读书声，青山绿水黄土地。嗨，好一个新天地，把我们集合在一起。

学习战斗，为祖国为人民，结成同志加兄弟。

情深谊厚难忘记，山高水长志不移！

4.《我们曾经年轻》

我们曾经年轻，我们曾经漂亮。

在那明媚的春光里，希望的一代壮志昂扬；

在那炎热的夏日里，奋发的一代胸有朝阳。

我们奉献了青春，

我们追求理想。

我们乐观洒脱，我们身心健康。

在这重逢的秋日里，无怨的一代胸怀宽广。

在这银色的冬季里，无悔的一代余热发光。

我们献出了力量，我们追求理想，追求理想！

这里虽然只精选了 30 多首歌曲，但是，这些歌曲反映了母亲的革命信念、革命追求、革命意志、革命精神；反映了母亲对党、对祖国、对人民、对社会主义无限忠诚和无限热爱的深深情怀；反映了母亲对生活、对友情的热爱、眷恋和珍惜。同时，也是母亲几十年追求无私奉献和完美人格的写照。

蒲文清将手抄歌本捐赠给中国妇女儿童博物馆

四、永远的传承：长征精神万岁

　　2006 年，是长征胜利 70 周年。党中央、国务院和各部委、各党派、各机关、各团体，以及各省市、地区、自治区等，都举行了隆重的纪念活动。各地健在的老红军，着实高兴、激动了一阵子。因母亲生活居住在北京，有更多机会参加这些活动。

　　1. 早在 2005 年四五月份，中共中央纪律检查委员会和中华人民共和国监察部主管的《中国监察》杂志，就已经开始组织刊登纪念长征胜利 70 周年的文章。当找到母亲征稿时，她立刻答应。于是，我记录整理了母亲过雪山草地的一段悲壮回忆，题为《长征是一种精神，长征是一种信念》，发表在《中国监察》第 13 期。文章

《中国监察》记者、编辑王小莉采访老红军蒲文清同志

《中国监察》杂志封面

在这发行了 90 多万份的杂志一经发表，不仅受到编辑部好评，而且在党员干部和群众中也引起强烈反映。

2. 2006 年 10 月 18 日晚、10 月 20 日晚，母亲先后出席了由中共中央宣传部、中华人民共和国文化部、国家广播电视总局、中国人民解放军总政治部、中共北京市委、北京市人民政府在人民大会堂大礼堂举办的《长征颂——纪念红军长征胜利 70 周年》大型文艺晚会。晚会上的每一个节目、每一个场景，都把母亲带入对战争年代、艰苦岁月的回忆中。她感慨地说："没有中国共产党的领导，没有革命战士前仆后继的流血牺牲，就没有革命的胜利，就没有我们的今天。我们子子孙孙都不能忘本。"

3. 2006 年 10 月 22 日上午，母亲出席了由中共中央办公厅、中央军委办公厅在人民大会堂举行的纪念长征胜利 70 周年大会。时任主席胡锦涛发表了重要讲话。他充分肯定了长征和长征胜利的伟大现实和历史意义；充分肯定和评价了长征胜利的伟大历史贡献；充分肯定和赞扬了中国工农红军所创造的史无前例、空前绝后、惊天地泣鬼神的历史壮举；充分肯定和赞扬了中国工农红军用鲜血和生命所铸就的长征精神。并要求全国人民，要千秋万代传承和弘扬这种精神。母亲完全沉浸在悲壮历程的回忆之中。

4. 在纪念长征胜利 70 周年的活动中，母亲和王定国阿姨受中央电视台邀请，出席了崔永元主持的"重走长征路的队员与老红军战士谈访活动"。当主持人把两位革命老人介绍给参加活动的青年朋友时，整个演播厅里立刻响起热烈的掌声。因当年的悲壮，早已变成鼓舞两代人奋进、拼搏、自强不息的动力。故而，谈访活动热烈、生动而感人。而且，访谈中高潮迭起，掌声不断，照相机、摄像机拍摄不停。当主持人崔永元问母亲和王阿姨，能否唱首当年的红军歌曲时，两位老人毫不含糊地说行。于是歌唱起来。

5. 在纪念长征胜利 70 周年的日子里，以徐海东大将的女儿徐文惠为代表的红军子女后代倡议和发起的，以邮册、邮折和首日封来纪念长征胜利 70 周年，立马得到中国集邮总公司和邮票界人士的特别关注和支持。因而，这本邮册尚未面世，即成为意义和价值都非同寻常的珍品。

这本邮册所展示的，是中国工农红军两万五千里长征的悲壮历程中，其 80 位巾帼英雄的革命风采。她们代表了 30 万红军战士和其中 27 万牺牲在长征路上的先烈，也代表了其中几万名红军女战士。尤为可贵的是，80 位女英雄中，还有 33 位健在的革命老人。母亲蒲文清，就是她们中间的一员。这真是母亲的幸运。

2006 年，适逢长征胜利 70 周年，也适逢母亲 89 岁华诞。我代表全家老少写了首小诗，用以表示对长征胜利 70 周年的纪念之情，同时，向我们敬爱的老红军战士——我们敬爱的革命老妈妈蒲文清同志，表示我们最真诚的敬意：

长征胜利七十年，母亲八十九华诞。

铁流两万五千里，革命征程历艰险。

前仆后继写壮烈，一往无前志更坚。

为有牺牲多壮志，敢教日月换新天。

长征胜利七十年，母亲八十九华诞。

儿孙满堂齐祝贺，杯杯美酒沁心田。

献上浓浓情和意，天伦之乐福无边。

继承红军好传统，继往开来谱新篇。

五、巾帼英雄：向中国女红军致敬

在为中国人民解放、民族独立和为创建中华人民共和国的征程中，曾经有无数女性奉献了她们的青春年华，乃至鲜血和生命。在人类历史上最为艰苦卓绝的两万五千里征程中，更是有红一方面军30位、红二方面军26位、红四方面军2500多位，以及被称为"七仙女"的红25军的7位女红军，以她们的坚定信仰与追求、无畏的胆识与意志，以她们惊天地泣鬼神的无私大爱，创造了巾帼英雄的丰功伟绩！

但是，她们从1935年10月红军出发时的2500多人，到1937年10月陕北会师时，只剩下不到300人。我们不禁要问：其余的那2000多名女红军战士到哪里去了？

我们问问苍天，苍天低头垂泪不语；我们问问大地，大地仰天长啸悲不成句；我们问问高山江河，高山江河肃穆敬礼。我们只有去追寻历史的征程、追寻先辈的足迹。原来，这些红军女英雄们，她们早已静静地躺在了牺牲战友的身边，把自己稚嫩的身躯和伟大的精神，默默地融入了雪山，融入了草地，融入了征途两万五千里……

英雄的红军女战士——伟大的红军母亲，无论你们留下了英名，还是没有来得及留下半点儿只言片语，但你们用鲜血和生命创造的人生奇迹，你们用鲜血和生命铸就的红军精神，以及你们所经受的女人在严酷战争中的苦难与考验，我们后代永远不会忘记！

敬爱的红军妈妈们，我们已经做好准备：在革命火炬的引领下，在你们——红军母亲的丰碑前，点亮传承长征精神的薪火，就这样一代一代把革命的精神传递下去。

敬爱的红军妈妈们，我们已经排成行、站好队，而且这支队伍永远没有队尾——因为敬仰英雄、缅怀先烈、感恩前辈、传承精神，是我们永恒的心愿、永恒的情感、永恒的主题！

敬爱的红军妈妈们，相信我们在共产党的领导下，在民族复兴、在实现强国大略的豪迈队伍中，不会辱没"后代"这个普通而又有着特殊意义的称谓。我们永远自勉：走过的是岁月，逝去的是浮华，留下的是财富，传承的是精神。我是红军的后代，我专门写

▶ 20世纪60年代初在北京的部分老红军合影

了一首歌，把英雄的红军母亲歌唱，向英雄的红军母亲敬礼！

在革命传统教育活动启动仪式上，女红军后代何丽眼含泪水作了一篇饱含深情的发言。她说："从2月12日在北京举行启动仪式的那一天开始，我们就期待着在延安的清凉山上，讴歌给了我们生命的伟大母亲。""今天，我们用这个意义非凡的机会，表达我们心底的深深敬意和祝贺！因为英雄的红军母亲们，对延安，对她们曾经挥洒青春、热血和汗水，并和陕甘宁边区的全体军民共同创造出延安精神的这块土地，是那样的向往，是那样的眷恋。""延安，是她们这一辈连同她们的儿女，几十年来始终魂牵梦绕的地方；延安，已经是两代人心底里最神圣、最敬仰的地方；延安，已经成为两代人的第二故乡，因为他们心中的延安灯火，从来就没有熄灭过！"

多年来，我始终怀着极高的热情与敬仰、感恩之心，积极参与、组织有关红军尤其是女红军战士纪念、联谊、报告、参观等相关活动，尽可能地拍摄和收藏他们的照片。我始终认为这是自己接受长征精神教育的绝好机会。因为这些老红军都是长征的幸存者，是战争的幸存者。他们本身就是长征精神的展现。作为幸存者，他们是替那些牺牲在长征路上和革命斗争中的前辈、先烈出席活动，是在向国人、向世界诉说中国共产党领导下的中国革命，是昭示我们后人不要忘记历史，不要忘记前辈和先烈革命的初心。所以，他们都把出席活动当成政治任务来完成。而我们这些后代，则只有一个责任：宣传、弘扬、传承前辈和先烈们用鲜血和生命铸就的革命精神！长征精神、延安精神，就是中国精神的魂魄！还有那永远充满生命力和感染力的红色文化！要让穿越时空的红色歌声，永远在祖国的大地上高高飘荡！

向中国红军致敬！向红军老妈妈致敬！向革命老战士致敬！

第六篇

传承永远在路上

一、颂红军
——记老红军蒲文清同志

　　老红军蒲文清同志，虽然年事已高，但她却是我们交通运输部离退休干部局工作处东城活动站的一名积极分子。无论是听报告、学习讨论、参观、运动会还是公益活动，她都是身体力行。她也非常关心我们站里其他工作。因为离得近，所以有事无事，她都爱到站里转一转。大家都感觉老同志非常亲切，非常平易近人。

　　老红军蒲文清同志，是一个贫苦农民的女儿。自 1933 年参加中国工农红军以来，在她 78 年的革命生涯中，无论在战争年代还是社会主义建设中，她始终在平凡的岗位上，几十年如一日，默默地奉献着她自己。因为她有一颗忠于党、忠于祖国、忠于人民的心。她淡泊一切名利地位，只求全心全意为人民服务。因而党、党的事业、党的利益，为人民服务的宗旨，在她心中永远是至高无上的。

　　在她一生的工作中，大家一提起蒲文清，就赞不绝口。有的人说：她是红色的种子，走到哪里，就把红军的好作风带到哪里。也有的人说：蒲大姐，坚持党的原则，心里装着群众，为群众操碎了心。还有的人说：老蒲一个心眼儿干革命，为革命啥都舍得奉献。

　　在离休的晚年，老有所学、欢度夕阳的蒲文清同志虽 93 岁高龄，但其精力充沛。她响应部、局、活动室及党支部号召，积极参加各项文艺、体育和社会公益活动。积极参加党支部组织的各种学习活动，认真写心得笔记，积极参加支部大会、党小组生活会、学习讨论会。收看录音录像，为支部举办的学习专刊写稿，认真参加支部组织的知识答题，真正做到了愉快起来、锻炼起来、学习起来、充实起来。使自己政治坚定、思想常新、理想永存。而且她特别喜欢唱红歌，大家也喜欢听。无论她参加什么活动，总是带头高唱，《当兵就要当红军》《没有共产党就没有新中国》《社会主义好》等，都是她经常唱的。

老红军蒲文清同志虽然于2011年6月26日下午6时离我们而去，但她留下的精神财富是我们永远学习的。她的儿女还将蒲文清同志被评为2010—2011年交通运输部优秀共产党员的1000元奖励，作为她的一次特殊党费交给党组织。这件事让我们十分感动，也十分受教育。

蒲文清老人走了，她的朴实无华，她的阳光、上进、乐观、幽默，都会留在人们心中。她是我们永远学习的榜样。

交通运输部离退休干部局工作处交道口活动室

2011年8月25日

二、我家的家风

雯雯

　　我的姥爷、姥姥，都是二十世纪三十年代参加革命的老战士，所以他们都是经受过共产党和革命战争严酷考验的。这种考验坚定了他们的信仰，锻炼了他们的意志，培养了他们的作风、精神与品质，也造就了他们的人生观和世界观。母亲说，她就是在这种环境和氛围中长大的。她爱叫自己"延安娃"。

　　我家的家风，是姥爷、姥姥从延安时期就建立起来的，后来延续到我的父母，又伴随着我的成长。直到今天，它都是我生活、成长的环境和精神的世界。

　　我家的家风，完全融合在家庭的日常生活、社会生活、学习、做人、做事、工作、教育子女等点滴当中。从我出生，家庭成员的朴素真诚、勤俭刻苦，传承革命精神和红色文化的情怀，对党和人民的忠诚和信仰，以及踏踏实实、淡泊名利为群众服务的作风，就对我有着潜移默化的教育与影响。如果说这就是我家的家风，我的母亲，她就是家风承上启下的传承人。

　　我的母亲出生在延安，正是国民党对延安实施政治和经济封锁的最困难时期。母亲说，她是吃延安的小米长大的。所以母亲身上，有许多姥爷、姥姥和他们那一代人身上的不惧困难、吃苦耐劳、艰苦奋斗、淡泊名利的精神。

我的父亲也是穷苦人出身，14岁当兵，是参加过抗美援朝的老战士。如今快84岁了，但还坚持着后代合唱团的排练、演出活动。他也最喜欢在居委会热情地为群众服务。

所以我这个"70后"一出生，就受到了姥姥、父母两辈人革命思想的教育和影响。我还依稀记得1976年的唐山大地震，我们家连地震棚都没有，一发生危险，就把我放在一张方桌的下面。母亲是办事处干部，她有风湿性心脏病，可她也不顾自己死活，为了不影响工作，又因为我太小怕摔着我，出门时就用一条长围巾把我绑在自行车后座上。在2008年汶川抗震救灾的日子里，年老多病的姥姥一心想着灾区，凡自己家里能用的东西，毫无保留地支援了受灾群众。这些对于我是激励但更是现实教育。所以在单位我也自觉自愿。

我的母亲一直在东城区工作，她独有的人格魅力，积极的生活态度，善良、乐于助人的性格，使她建立了良好的人际关系。但她从不利用关系网帮助我走"捷径"。她总是教育我要好好学习，做个有真本事的人。她的教导使我励志要成为自立自强的人。初中毕业报考卫校时，姥姥和父母都极力支持。从卫校毕业后，他们又教导和鼓励我树立稳定的专业思想。所以我从事护理工作一直到今天20多年了，对护理工作始终特别热爱。为了我这个中专卫校毕业生有踏实的知识为患者服务，在姥姥和父母的鼓励下，我坚持在护理工作极端忙碌的情况下，通过成人自学考试，获得大本文凭；获得了"中华护理学会血液净化护理专业会委员"和中国医师协会肾脏内科医师"讲者证书"。但这还不够，我仍要继续努力。

这使我体会到姥姥的教诲、父母的鼓励，是我进步成长的方向和动力。当初选择考卫校时，姥姥就多次给我讲述长征时，她一个15岁的护士排长，害着特别重的眼病，怎样带着6个和她一样大的女战士，抬着伤员过雪山、草地的故事。姥姥说，当时如果没有护士，会有更多的红军伤员牺牲在长征路上。姥姥还让我知道，在和平建设时期，护士在维护人的健康与生命中，有更重要的作用。母亲和姥姥一样，对护士和护理工作都有着特殊的感情与认识。她们都非常尊重护士和护理工作。母亲常说"护士是职业；护理是事业。你既然选择了这一行，就是终生的，要无怨无悔，踏踏实实为患者服务、替家属们分忧"。姥姥的话更经典："为人民服务几个字很简单。可是要坚持把服务工作做得有声有色，却要一辈子的努力。"所以，她们无论在哪里看病、住院，都是最听话的患者和医生护士的好朋友。因为她们心中对医护充满了信任和感激。这样的家庭影响与教育，使我懂得了从护士的角度看待和处理问题：对患者要体贴、理解、尽力、协调；而对我们团队，学会尊重、团结、体贴、包容、谅解、互助。所以，是家风教育使我树立了正确的人生观。

我的家庭教育我爱国家、爱人民、信仰共产党，坚守党为人民服务的宗旨。我的入团、入党，都是姥姥谈的话。父母始终非常关心我的政治生命。所以无论遇到什么样的诱惑，工作中有什么困难，我从不会动心。我忠于我的职业和事业。尽管我的能力有限，但我会尽心尽力用行动报答和感恩姥爷、姥姥、父亲、母亲，以及舅舅、姨姨们，同时要把共同创建的家风继续传承下去。

为了家风的延续与发展，我的女儿出生后，父母给了我们很大的支持与帮助。母亲还从孩子出生前，就开始记录相关的情况。她的所作所为，我们都看在眼里、记在心里。女儿12岁的生日礼物，就是母亲为她记的一本图文并茂的 100 篇日记，还包括她出生的手环、第一次理发的胎毛。日记，不光记录孩子的成长，还有母亲为她编写的儿歌；不光有亲人们对孩子的期望，还有姥姥、父母对孩子的述说，要让长大的孩子知道我们这个家，知道几十年的革命经历和作风。我总怕母亲累，但她执意这样做。说这是我们对后辈传承的责任。对此，我深受教育和感动。

2003 年的 SARS 肆虐，母亲在劳累中抽空用卫生部直属机关党委发给我们的"抗击 SARS 战地日记本"，从 4 月 14 日到 6 月 30 日的 79 天里，记录了 40 多篇有图片、剪报、文字、数字、调查报告等日记。母亲在第一页写着"我用孩子送给我的这个本子，记录下群众抗击 SARS 斗争的点点滴滴"，从中看到一个母亲的心……其实，这本日记中最珍贵的是，记录了我的姥姥、父母对国家和人民最深沉的爱，对我们年轻一辈最大的信任和期望。而且这种爱、信任和期望，是对我最大的鼓励和鞭策。我收藏这个本子，并视为珍宝。

在抗击 SARS 的 70 多天里，我和爱人都投入临床一线。当时年幼的孩子全靠身体不好的父母照顾。但父母对我们除了鼓励还是鼓励。我们会用心记住这一切。而且，当有特殊情况发生的时候，我们不会含糊，因为我们是后代，是共产党员。

姥爷虽然在"文化大革命"中被迫害致死，但我有幸在姥姥的身边长大成人。使我亲身感受到了姥姥关心着我的每一点成长进步。我入团、入党，凝聚了全家人的爱心与教育。当我被批准为预备党员时，姥姥语重心长地告诫我："真正的入党，是思想上的入党。预备党员，要很好接受党组织的考验"，还教导我"向父母学习，做一个行动上的共产党员"。

我入党好几年了。爱人也是党员。我们都感受到家风对我们成长的重要性。都感受到延续、传承姥爷、姥姥及父母的精神、情怀、信仰，将是我们永远坚持要做下去的。随着年龄的不断增长，人渐渐成熟，就更懂得了这种家风对我们和我们孩子将来的重要作用。我感觉特别幸运。我生在了这样的家庭。我特别珍惜姥姥及父母对我的关爱、情感，更珍惜渗透在我成长过程的家风教育与影响。

所以，我感觉"家风"，绝不是一句话、一个定义可以表明的。它是一种精神，一种情怀，一种信仰，是一种境界。

三、妈妈，我不跟您说永别
——女儿心语

红军女战士蒲文清同志是交通部的离休干部，也是我敬爱的妈妈。

妈妈于 1918 年 7 月 18 日，出生在四川巴中蒲田湾一个贫苦农民的家里。1933 年 9 月，加入中国工农红军，随红四方面军 88 师医院长征，经历了两次爬雪山过草地，时任护士排长。1934 年在长征路上加入了中国共产主义青年团。1937 年在延安转为中国共产党党员。在延安的 10 年，在解放战争期间，以及在中华人民共和国成立至今的 60 多年里，这位忠诚的、坚强的、乐观向上的共产党员战士，始终以为群众服务的行动在书写她人生的传奇。

但就在 2011 年的 6 月 26 日下午 6 时左右，妈妈却因突发心梗抢救无效，告别了她那鲜活的生命而急匆匆地离开了我们，这实在令人难以置信！如此坚强了一生的妈妈，为什么在打开晚报的瞬间，竟然变得如此脆弱，脆弱到都来不及叫急救车的地步呢？人的出生，都有一个期待的过程。妈妈，您的离去，为什么是这样的猝然呢！

我不能相信、也无法承受这天打五雷轰的噩耗。因为就在之前的一个小时左右，妈妈还坐在大门口的椅子上乘凉；她还站在大雪松的树荫下，和院子里的人们聊天儿；在五点钟的时候，去传达室取《北京晚报》，并哼唱着歌、心情愉快地走回二楼的家，还问弟弟什么时候吃饭。

但躺在中日医院抢救床上的妈妈，已经完全没有了生命体征。她身上的白色被单清楚地告诉我们：必须在最短的时间里，接受与母亲的生离死别。真是：母突别，儿女泪飞声哽咽；声哽咽，阴阳两世悲恸欲绝。

泪如雨下的我，快速扑向妈妈，双手上下抚摩妈妈还尚未完全冰凉的遗体，但看到躺在床上神态沉静、安详的妈妈，那样子就像在快乐了一天后，放松而轻轻地入睡并渐渐沉入梦乡。我顿时感觉，我们不要再打搅妈妈，不要再惊动她了。就让劳累、革命、奋斗了一生的妈妈，好好安心地休息一下吧。所以，我强忍心中的悲痛，一步一回首地离开了"静睡"的妈妈。

妈妈虽然急匆匆地走了，但想想，93 岁是为人所敬的高龄。妈妈没有受一点痛苦地猝然离世是她的福分。老街坊邻居们说："只有一辈子积德行善、修行到家的，才能有这番福分。蒲大妈就是人世间'福寿'双全的幸福老人啊！"她们还说："蒲大妈走得这么利落，自己没有受到病痛折磨，又没有给任何人增添麻烦和负担，这是多大的善人、好人呀！"她们还说："蒲大妈走的日子都是讲究的。6 月 26 日下午 6 点，这么巧，这不是明摆着的 666 大顺嘛！这是老天的回报，让蒲大妈走得好好的，顺顺当当的！"老街坊邻居们还说："连老天爷都不让这样的好人受罪。我们也都永远念着她的好，永远忘不了她这个人！"

妈妈您知道，这些话，是交道口这片儿与您相邻了几十年的居民百姓对您的肯定和缅怀。说得多实在呀！

妈妈，您虽然急匆匆地离去了，但您还有幸在 6 月 20 日，观看了由文化部批准第三次复拍经典话剧《万水千山》的宣传片。您还激动地说："我要是年轻十几岁，就敢跟他们一起去长征路巡演，演不了可以跑跑龙套，起码我还能为大家唱几支红军的歌嘛！"

6 月 21 日，您还有幸出席了由中央电视台拍摄的大型档案纪录片《永远的红军》摄制组，向解放军档案馆影像素材移交仪式。您现场活跃，神采飞扬，对参加活动的相关领导及解放军档案馆馆长，不断边行军礼、边伸出大拇指连声说谢谢。

妈妈，就在 24 日上午，我突然接到您让我回去的电话，着实把我吓了一大跳。哪知道您是让我教您唱歌呀！打一趟出租车 60 块钱呢！话说回来，多亏您的电话，我才幸运地为您拍下生前最后 5 张照片。

妈妈，您一直关心的中国女红军纪念馆罗馆长，亲自到咱家取走了我为他们准备的光盘、实物和印制好的 40 张可以直接用于布展的图片。我还写了捐赠说明。同时我还转告了他们，您对纪念馆的高度评价：这是贵州省中共习水县委、县政府，为我们的党和国家，尤其是为子孙后代，做的一件传承革命历史和革命精神的功德之事。您这个老红军女兵向习水人民和纪念馆的全体同志致敬！

妈妈，我们已经在八宝山革命公墓的红军墙上，安放好您和爸爸的骨灰，使我们每年的清明都可以去看望和缅怀您们。同时，我们也为您和爸爸联系好了四川红军碑林陵园，让您和爸爸在这块红色的土地，在您魂牵梦绕的巴山蜀水，和您的红军战友在一起永享战友情，永享同志爱；让爸爸在这里可以永远守望着他的老家、他的革命启蒙地延安，您们相依相伴直到地老天荒。红军碑林陵园有600个墓位，已经安置500多位红军老战士入住，而且陵园连同碑林，已正式被国家命名为我们党对全民，尤其是对青少年进行爱国主义教育的永久的基地。这里，将永远有红色后代守候，永远有红色后人祭奠，并且永远被世世代代的崇尚红军、崇尚长征精神乃至崇尚红色的中外人士所缅怀和敬仰。您和爸爸这对红军夫妇就在这里永远地安家落户了。

妈妈，您学会唱的第一首红歌是《当兵就要当红军》，而且是唱着这支歌走入了红军队伍；后来，您又唱着这样的红歌走过了自己93年的人生路程。所以，在八宝山革命公墓兰厅告别时，播放的不是哀乐，而是您生前最喜欢的《十送红军》。所有的人都感觉是来给您这位老红军战士送行的，而不是来送别的。

妈妈，您一生都在坚守和歌唱理想、信念和追求。祖国和人民、党和组织在您的心中，永远是至高无上的；党的事业、群众的利益和为人民服务的宗旨，也永远是至高无上的。为此，您可以承受一切，可以付出一切。所以，中央电视台在8月30日军事频道播放了《永远的红军》第九集《胡同里的红军奶奶》，片尾还播放了您逝世的讣告："在节目播出前，我们得知了蒲文清老人逝世的消息。老人离开了我们。乐观向上、无私奉献的品格，是她永远留给我们的宝贵财富。"一位观众在短信中写道："深切悼念敬爱的蒲文清老妈妈。她平凡而伟大的一生，永远感动和影响我们后人。蒲妈妈是许多红军的代表，我们要好好传承红军的革命精神。"另一条短信这样写道："惊悉老红军去世。她对事业的忠诚，对人民的爱，对同事的关心及助人为乐的精神，她勤俭朴实的生活作风，都深深感动和教育了大家。她虽然离开我们而去，但她崇高的精神，纯粹无尘的心灵永存人间。"

妈妈，电视观众为什么会有如此的感动和反响？可能是因为您这位胡同里红军老奶奶的平凡和坚守的本色打动了他们。其实，当年红军战士们，共产党员们，不都是这样忘我地、全心全意地为群众服务的吗？这也是在昭示我们后人要世世代代传承长征精神。

妈妈，我又在想：您又是为了什么这样地忘我、这样地坚持而又永远充满着快乐呢？很简单，就是因为您是个红军战士，更因为您是一名共产党员。所以，您就用自己的行动来兑现自己对党的承诺："做好自己该做的事情，让群众满意。"这样简单的 14 个字，您竟然自觉自愿地坚持了一生。为什么？因为您的心里只有大爱没有小私、没有欲望、没有攀比，所以您才能一生坚守本色，甘心情愿、全心全意地为人民服务。您的一生代表并印证了伟大的长征精神，为此，我们给您写了这样的墓志铭："守信仰葆本色功留史册，为人民淡名利光照后人。"妈妈，这是对您的缅怀，更是对我们的警示和激励。

亲爱的妈妈，我知道您特别欣赏《小草》这首歌。您说歌中唱的无名小草就是无数的无名英雄们。因为只有这样的英雄才懂得英雄的真正含义。因为只有他们才最无私，最不为名利、金钱、荣誉所累，所以只有这样的英雄才是最快乐和幸福的。因为他们从决定为革命献身的那一刻起，心中就没有了自己，而只有革命和人民。他们的心中没有了任何私心杂念。所以，他们看似平凡，实则伟大；他们看似普通，实则高尚；他们名为小草，实际上犹如伟岸的参天大树。您作为他们中间的一员，既幸运又幸福，而且是无愧的！因为您和您的这辈人都是有着崇高人生追求和崇高人格魅力的红军母亲！

妈妈，我们在给您整理遗物的时候，心情实在太复杂了，绝对不是难过、沉重可以表达的。因为打开摊在地上的遗物，几乎都是些补了又补、改了又改，甚至破旧得认不出颜色的短裤长衫、破被褥、破棉毛衫裤、烂单子、破毛巾被、补过几回的袜子鞋垫、旧窄松紧带、不知什么年月的破棉衣棉裤、开了线破了洞的毛衣毛裤毛袜等，可以说是一堆"破烂儿"。妈妈，看着您的这些"遗物家当"，我真是欲哭无泪：这怎让人相信是一个离休老红军，每个月有八九千元工资的老司局级干部的一生财产！这些东西，不要说在旧货市场，就是在收购废品的货车上都难以见到。所以，我相信一件 8 块钱的棉背心，您可以穿 10 年；一件 20 世纪 60 年代做的灰布外衣，您可以一直穿到去世；一双老式棉鞋，您可以换好几回前后掌；一床被子、一条毛巾被，您都会反反复复地缝补好几层，甚至辨别不出当初是什么颜色、什么样了。

妈妈常说她是穷苦人出身，没有共产党、没有革命，就没有她蒲文清的今天。今天有好日子过了，不能忘记还有许许多多穷苦的老百姓。自己虽然没有那么大的能力帮助很多人，但一定尽力帮助一些穷苦贫困的人。所以，妈妈宁可自己清平、艰苦、将就、节省，但凡好点儿的、新的、比较新的，她都会用来响应政府的捐助。您还要求我们："捐，就要捐新的、好的、像样的。我们不是可怜他们，我们是在帮助我们的兄弟姊妹。"所以，在妈妈的那一包包遗物里，没有一件像样的就对了。

我很艰难地从妈妈的遗物中选择了 3 件赠给中国女红军纪念

馆：一把破蒲扇、一件妈妈的"礼服"、一副假牙。

妈妈，您教育我们的最好方式就是身教。但是，您也从不放松对我们的言教：要有坚定的革命信念，要立党为公，立党为民，这都是您经常提醒和教育我们的；"'为人民服务'几个字是无声的，你们要以自己的实际行动把服务工作做得有声有色。你们要永远为群众、为老百姓做好事、做实事，而不做坏事"。您还要求我们工作向最好的看齐，生活向最普通的看齐；要胸怀一颗平常之心，但要懂得知足和感恩，是您一贯的要求……所以，我们都很注重家风的延续与传承。

妈妈，您常常说自己是幸存者，说自己是一个平凡的劳动者。您说自己所做的一切，都是在为牺牲的战友们尽着心力。所以，您希望自己这根小小的蜡烛永远亮些再亮些，以使自己永远对社会、对人民有用。

亲爱的妈妈，您急匆匆地走了。没有等到中国共产党建党 90 周年的 7 月 1 日；没有等到自己 7 月 18 日 93 周岁的生日；也没有等到中国工农红军长征胜利 75 周年的欢庆时刻。但最懂得您的儿女们，会用咱家的方式来表达我们的祝贺和心意，以拭去心头那永远的遗憾。

妈妈，我谢谢您和爸爸在延安生了我这个女儿，并让我在延安度过了清贫、艰苦、简单而难忘的童年；我感谢您们在那个年代给了我独特的影响和教育，并让我拥有了同龄人不曾有的思维和经历。总之，我感谢您们早早就把红色的情结植入了我的心灵深处，从而使我或多或少地接受了您们坚强、豁达、热情、真诚、助人、认真、无欲望、无私念、无门第之见等的遗传因子。妈妈，这是我一生的幸运和福分。否则，我可能就不是今天这样的我了。

　　这是一篇我花费了很多心血和精力，伴着泪水写给妈妈的文字。这些文字都是从我的心底流淌出来的，它既是我写给妈妈的信，更是女儿对妈妈的心语。我只有把这些话对妈妈说出来，心底的疼痛才会减轻一些。所以，我对妈妈敞开了心扉。妈妈，您先慢慢看着，我再慢慢写着，行吗？

　　写这些文字花费的时间真长，整整两个多月。12月26日，在妈妈离去半年的这一天，终于写完。那么，给这篇文字起个什么题目呢？思来想去，就叫：《妈妈，我不跟您说永别——女儿心语》吧！

　　　　　　　　　　妈妈的女儿——延安娃　何丽

　　　　　　　　　　　　　2011年12月26日写完

　　　　　　　　　　2012年2月4日立春修订于天通苑

　　　2018年6月26日为母亲逝世7周年，为向父母百年诞辰献礼修订

四、读《妈妈，我不跟您说永别——女儿心语》感言

　　刘读者： 我怀景仰敬佩的心情，看了几遍红军妈妈的照片及事迹。我庆幸自己在妈妈九十大寿时，看到过她老人家的鲜活健壮、极为朴实热情及活泼的表演，本以为她会超百岁，所以和你一样感到很突然。当看到她老人家遗容那么安详也很欣慰，老人家为国为民奉献一生，逝世也没痛苦，未给任何人添麻烦，真是生得伟大，死得光荣，是位福将。总结她的一生正如毛主席所说："是一个高尚的人，纯粹的人，一个脱离了低级趣味的人，一个有益于人民的人。"她是我们大家的楷模，人民会永远记住这位平凡又伟大的红军老战士，你有这么个了不起的妈妈，值得自豪。妈妈和她的红军精神永垂不朽！

　　杜读者： 何丽，谢谢你的悼文"心语"。它让我重新认识了你，认识了蒲老——你的母亲，认识了你们这些为革命献出自己一生一切的革命先辈和他们的子女。我是含着泪水看完它的，从心里痛悼她的离去——又一位德高望重的老红军走了；也为你和你的弟弟妹妹们为她的离去而难过。请节哀，望珍重。我把中红网和网上有关蒲老的报道文章、图片、视频都收录到我的电脑里了，我会经常阅

读、收看、缅怀他们的。也谢谢你推荐给了我有关了解老一辈革命者和他们子女的网站——中红网。

巴中川陕红军将帅碑林创建人张崇鱼同志读何丽"心语"有感：

女儿泪水写铭文，字字句句露真情；

念念不忘延河水，牢牢记住父母情；

千辛万苦为革命，名利抛到九霄云；

勤劳简朴为己任，红军奶奶扬美名。

第七篇

共和国不会忘记

一、中国女红军的长征故事

在 20 世纪的时空坐标上，闪耀着中国共产党领导的工农红军二万五千里长征的光辉亮点。长征是传奇之路、胜利之路、艰苦之路，不仅给中国人民留下了宝贵的精神财富，而且早已在全世界广为传扬。鲜为人知的是，当年曾有 2000 多位女红军的特殊身影，活跃在这漫漫的征程中。

雨、雪、冰、霜；雪山、草地、空袭、阻截；冻、饿、血、泪……没有谁，比在长征途中度过艰难岁月的红军战士们更懂得战争的含义，女红军们承受了比男红军更多的艰辛。她们浴血奋战、艰苦跋涉，经受了生与死的考验，表现出了艰苦奋斗、不怕牺牲、团结互助、勇往直前的革命精神。她们中的一部分克服重重困难完成了长征，另一部分女红军却在战斗中、行军中倒在了征途上；有些女红军在长征中因翻越人迹罕至的大雪山，而导致生理发生变化，致使绝经；一些母亲在极其恶劣的环境下分娩，而导致终身疾病缠身；一些母亲甚至在战火中一边行军一边分娩，产后又不得不忍痛丢弃婴儿……她们用女性特有的柔韧与苦难进行着殊死抗争，用浓浓的情和爱，谱写了一个个凄美动人的故事。

1934 年 10 月中央红军即红一方面军开始长征时，曾确定参加长征的 32 位女红军是：蔡畅、邓颖超、贺子珍、康克清、李坚真、刘英、李伯钊、刘群先、邓六金、危秀英、谢飞、杨厚珍、吴富莲、廖似光、吴仲廉、周月华、钟月林、钱希均、金维映、刘彩香、危拱之、甘棠、萧月华、曾玉、李建华、王泉媛、丘一涵、陈慧清、李桂英、谢小梅、彭儒、黄长娇。后来，彭儒、黄长娇因病留在苏区，其余 30 位女红军，都走上了漫漫征程。红军离开贵州时，谢小梅、甘棠、李桂英三人被留下来参加地方工作，没有去陕北。红一、四方面军在四川懋功地区会师后，吴富莲、王泉媛、吴仲廉三人被派到红四方面军工作。她们参加了西征，历经失败、被俘等种种磨难，只有吴仲廉一人后来回到了延安。所以，红一方面军最初参加长征的 30 位女红军中，只有 25 位最终到达了陕北。

1935 年 11 月 19 日，红二、红六军团（1936 年 7 月与红四方面军甘孜会师后，改称红二方面军）开始长征。随同一起行动的女红军有 20 多人，她们是：李贞、陈琼英、蹇先任、蹇先佛、马忆湘、戚元德、陈罗英、周雪林、曾纪林、胡越强、张四妹、张金莲、石芝、伍秋姑、马积莲、范庆芳、杜玉珍、秦金美、朱国英、尹菊英、李智等。这些女红军没有单独编队，没有统一的组织，分散在部队各个单位。她们中有干部、机要员、护理员、炊事员等，而大部分是担任宣传工作和群众工作。其中李贞，1955 年被授予中国人民解放军少将军衔，成为中华人民共和国众多将军中唯一的女性。

红四方面军中参加长征的女红军人数最多，有两千多人。1935 年 3 月在突破嘉陵江踏上长征路之初，这些女红军随军行动，她们当中有：张琴秋、曾广澜、陶万荣、林月琴、王泽南、汪荣华、王定国、何莲芝、杨文局、吴朝祥、华全双、李开芬、陈真仁、刘坚、贾德福、蒲文清、杨林、苟贵英、林江、李健、刘伯兴、彭玉菇、赵明英、侯守玉、马正英、胡玉兰、何福祥、张怀碧、赵应兰、阎桂明、赵兰英、刘桂兰、何翠华、詹应香、廖赤见、刘立清、郭长春、张明秀、吴顺英、张萍、史群英、张苏、杨磊、何炽、王顺洪、侯正芳、姜萍、李敏、孟瑜、卢桂秀、张正富、张茶清、李开英、李文英、罗林、王学荣、王学农、朱映明、马桂花、阎桂秀、彭仲美、周时清、张世秀、张传玉、刘照林、潘家珍、李玉南、邬先碧、蒲秀英、郑庭玉、苏桂英、吴国秀、王子俊、王大英、李保珍、李秀英、宋学珍、孙桂英、李山仁、杨玉花等。

她们主要集中在妇女工兵营、红四方面军总医院、新剧团、妇女独立团、省委妇女部和妇女学校等部门中，担负着保卫机关、制作被服、运输物资弹药、医治伤病员、发动群众、建立地方政权、培养妇女干部等多项工作。后来，这些红军女战士们被编为一个中外军史上绝无仅有的妇女独立师参加长征。她们中许多人都是两过雪山、三过草地，备受艰辛。她们中许多人还参加了西路军，遭遇匪军马鸿逵、马步芳队伍的残酷袭击，为掩护大部队撤退，主动担任阻击任务，终因弹尽粮绝，全军覆没，一个个女豪杰为革命献出了年轻的生命，许多人连姓名都没有留下，最后只有不到300人活着返回陕北。

在红二十五军的长征队伍中，只有周东屏、戴觉敏、曾继兰、曹宗凯、田喜兰、余国清、张秀兰7名女红军。她们都是随军医院的护士。打仗时，她们却跟着部队向前冲，一见战士受伤，立即背着伤员转移到安全地带，进行包扎、护理，热心照料，丝毫不顾及个人的安危。她们把饭让给伤病员吃，缺少粮食，就到山野寻找野果、树皮，掺上米糠，为战士们充饥。缺少药品，她们就千方百计收集、购买，或者采集中草药，为战士们疗伤。由于她们英勇无畏地抢救伤员，做到了耐心、热情，带着阶级感情护理伤员，被红二十五军指战员们称为"七仙女"。她们中的 5 位坚持到了红二十五军长征的终点——陕北延川永坪镇。另外两位曾继兰（班长）、曹宗凯壮烈牺牲在长征路上。

在中国共产党诞生之际，李大钊曾经预言：20 世纪是被压迫阶级的解放时代，也是妇女的解放时代；是妇女寻觅她们自己的时代，也是男子们发现妇女的意义的时代。这一科学预言，被长征中女战士的伟大实践所证实。

在波澜壮阔、空前绝后的红军长征铁流中，女红军们表现出了可歌可泣的英雄壮举，特别是弘扬了种种可贵的革命精神：明知山有虎、偏向虎山行的大无畏精神；追求独立、向往自由的妇女解放精神；不怕牺牲、勇往直前的彻底革命精神；互相帮助、团结战斗的阶级友爱精神；先人后己、公而忘私的共产主义精神。这些女红军的长征精神，将永远震撼着每一个人的心灵，永远激励着革命事业后来人振奋精神、下定决心、排除万难，去争取最后的胜利，成为我们取之不竭、用之不尽的精神财富。

在长征中，女红军表现的革命精神是伟大的、壮丽的。为什么我国长征妇女有如此伟大、壮丽的革命精神呢？一句话，她们是中国共产党领导下的具有崇高革命理想的革命战士。红军将士们所完成的举世无双、惊心动魄的长征，在中国人民中产生的精神力量是无穷的。今天，在建设社会主义现代化的征途中，继承和发扬女红军的长征精神，具有伟大的现实意义和深远的历史意义。

为实现战略转移中央红军女红军忙于扩红

　　1934年夏秋之际，第五次反"围剿"失利，迫使中央红军即红一方面军不得不进行战略转移——长征。为了顺利实现这一目标，中央苏区的女干部们接到了新的命令，要不惜一切代价扩大主力红军。中央局妇女部部长李坚真，少共中央局组织部部长刘英等，都下到各地去从事扩红任务，并为完不成上级下达的艰巨的扩红任务而发愁。少共中央青妇干事王泉媛也被分配到某区搞扩红，半个多月没有扩到一个，因而整天为此而焦虑。怎么办？

日夜睡不着觉的王泉媛，就在夜里贴着窗户，听老百姓在屋子里说些什么，终于明白了原来人都躲到了山上。于是，她找到区团支书，斥责他不负责任。区团支书知道她的名声，只好委屈地说："群众不去当红军，我还能哄得他去？"王泉媛可不管那一套，第二天就直接找来县委，把区团支书给绑走了。结果当场有四十来人参加了红军，王泉媛超额完

成了扩红任务。以今天的角度来看，区团支书绝不是恶人，他心疼老百姓。可是王泉媛也同样坚持内心的信念，她认为当一个红军战士保卫苏区，就是一个苏区小伙子最光荣的选择，比干其他的事情更有前途和意义。

中央红军女红军与苏区乡亲依依惜别

1934 年 10 月，中央红军开始实行战略转移——长征，离开了依依惜别的中央苏区瑞金。中央红军长征开始时，中央党政军机关分为两个野战纵队：第一野战纵队又名"红星纵队"，是军委首脑机关；第二野战纵队又名"红章纵队"，由党中央机关、政府机关、后勤部队、卫生部门、总工会、青年团和担架队组成。女红军战士被分在"红章纵队"中随队行动，做一些照顾伤员、分派担架和挑夫等项工作。从 10 月 16 日至 19 日傍晚，中革军委、红军总司令部和中央政府所属机关和红一、三、五、八、九军团 8.6 万人分别从于都梓山的山峰坝、花桥，县城的东门、南门、西门、罗坳、孟口、鲤鱼、中埠和靖石渔翁埠等 10 个渡口渡过于都河，踏上漫漫的长征路。中革军委、红军总部、中央直属机关和毛泽东、朱德、周恩来、张闻天、博古，就是从县城东门渡口渡过于都河开始长征的。渡于都河前，于都人民男女老幼从四面八方拥上桥头、拥向渡口，送上一杯杯茶水、一顶顶斗笠，送不尽对红军的无限情意，红军战士凝望根据地的山山水水，与送行的战友和乡亲们依依惜别。如今在一些电影里，我们能看到这样的红军渡河场面：送别的火把照亮了于都河两岸，歌声回响在于都河上空："九送红军上高山，一阵北风一阵寒。问一声啊红军哥，几时人马再回还？"

中央红军女红军吴仲廉教危秀英学习写字

长征不久，女红军们被编在红一方面军总卫生部干部休养连。曾任中央军事学校教官的吴仲廉，与时任干部连政治战士的危秀英走到一起。她们共同战斗，互相关心，亲如姐妹。"我们都是女同志，总要有块毛巾擦洗擦洗，你一定要拿着。"吴仲廉用刺刀把自己的毛巾割开一半，给了危秀英。看到危秀英文化程度不高，热情的吴仲廉又拿起树枝，主动教她学习写字。"今天不小心，丢掉了行李、毯子、毛巾。"吴仲廉写着，要危秀英读出来。危秀英红着脸，结结巴巴地读道："今、天、不、小、心、李、子、毛，其余的不认得……"好不容易完成了学习任务，看到危秀英的眼圈有血丝，说明她睡眠不足，豪放的吴仲廉一把把危秀英按在地上，强令她好好睡觉。

长征中首次得到组织批准的王首道与王泉媛结婚

1935 年 1 月，红军打下了贵州第二大城市遵义。长征开始的时候，组织上有规定，女红军没有谈恋爱的不准谈恋爱；长征出发前谈了恋爱的，不准结婚；结了婚的，不准怀孕生育。当红军历经千辛万苦到达贵州遵义，部队暂时解除了夫妻不能同住一室的规定，女红军又能和丈夫在一起了，她们似乎找到了在红都瑞金的感觉。男人和女人在一起，正常的感情生活是免不了的，即使在长征这样非常艰苦的时期。此时，王泉媛陷入了爱情中。这位从赣江之畔冒死跑出来参加革命的女战士，说不清为什么，心里总是不能平静，王首道的影子总是在她眼前晃动，使她禁不住回想起两个人短暂相处的时光。长征前夕，王泉媛在邓颖超的领导下参加了扩红工作，并第一次认识了中央扩红工作队队长王首道。在遵义，中央为了扩大红军的影响，决定派人组建特委，在当地建立地方政权，王首道担任特委书记，王泉媛担任团委书记。他们两人同在一个部门工作，每天抬头不见低头见。当年，王泉媛只有 22 岁，活泼大方，工作能力又强，很是招人喜欢。有一天，王泉媛忙完了一天的工作，在院子里自在地荡起了秋千，这时她看到王首道正在一旁，出神地看着自己。两个人在紧张的工作之余，开始了真正的自由恋爱。尽管两人还刻意掩饰着，但热心的大姐们还是发现了两人之间眉来眼去。就在红军进遵义城的第 7 天，在忙完了一天的工作后，蔡畅、金维映和李坚真把王泉媛拉到一边，以大姐的身份仔细询问她对王首道的印象。当她们从王泉媛嘴里得到肯定的答复后，她们三人不由分说就把王泉媛直接送到了王首道的房间里。这天晚上，两个互相爱慕的人交换了定情信物。王首道送给王泉媛一把他从战场上缴获的小手枪和八发子弹。王泉媛给他的是一个承诺：送一双亲手纳的千层底布鞋。长征路

上结婚，王泉媛和王首道是破例的一对。一日夫妻百日恩。他们在一起刚一个夜晚，第二天就不得不跟随大部队撤出了遵义城。两人匆匆分手，各回各的单位。两个人再次见面，已是两个月以后了。

中央红军女红军李坚真在贵州桐梓查土豪打封条

中央红军离开遵义，又来到遵义以北的桐梓驻扎。一到驻地，李坚真就忙碌了，因为她打土豪有一套经验。她先和同志们找个制高点观察，看看谁家的房子大，高楼多，砖瓦白灰院墙气派，心里有个印象。然后听狗叫，有钱人的狗吃得好，叫得凶，底气十足，而且膘肥体壮，主动出击，正所谓狗仗人势。接下来是看"三栏"，就是牛栏、猪栏、马栏，看它们的大小，存栏数有多少。这样心里就更明白些了。于是，李坚真率领一干人等，穿堂入室，看看那些大户人家的厨房，谁家的灶和锅炉大，谁家存的油多，必然很有钱。最后，还要走进书房或者卧室看公文和信件，如果信封上总是动不动就"老某某""先生某某"的，那就更有了把握。经过这看房、看狗、看栏、看灶、看信之后的五步走后，李坚真会在他的门口糊上一张巨大的封条——"工农红军某某司令部第某工作组封"。这时再到老百姓家去问，老百姓见红军比较了解情况，自然也不会说假话，于是李坚真干脆利落，没收浮财。没收浮财之后，李坚真就召集当地的群众开大会，把浮财摆在会场上。她一方面宣传红军的宗旨，另一方面给老百姓分盐巴、烟巴，动员人民当运输队或者参军。所以，别看李坚真自称"蛮女"，其实她很细心、很有谋略。

李坚真会打土豪出名之后，卫生部长贺诚立即向组织上推荐，让李坚真做了干部休养连的指导员。

中央红军女红军在贵州土城遭遇敌人突袭强行突破封锁

1935 年 1 月 27 日，中央红军长征途中来到贵州省习水县的土城镇。第二天一早，红军与川军的郭勋祺等部在青杠坡发生了遭遇战，战斗进行得很残酷。到处是连天的炮火、弥漫的硝烟和冲锋陷阵的红军士兵。经过反复拉锯，川军的增援部队陆续赶到，红军渐渐不支。正在通往土城的山路上行军的干部休养连，突然遇到了冲破红五军团封锁线的川军敌人，队伍一下子被冲垮，处境十分危险。在一块儿地势狭窄的山坡上，红军后队变前队，准备撤离战场。当时，正是雨天，道路泥泞不堪，部队的建制在行军中被挤乱了，大队人马冲乱了休养连。李坚真急得大喊大叫，但却无济于事。由于队伍拥到一起，堵塞了道路，干部休养连牲口上驮着的物资和担架上的伤员，陷入了寸步难行的境地。危秀英、邓六金、吴富莲、王泉媛、刘彩香等勇敢地冲了上去，疏导交通。一些民夫逃走了，她们就背着伤员撤退。在一条土沟前，伤员们无法通过，她们就纵身跳下去，冒着生命危险，把伤员们驮了过去。"女挑夫"刘彩香把五六个伤员驮过沟去后，已经累得精疲力竭，爬了几次都没有爬上来。其他的女红军已经背上伤员转移了，她只好咬紧牙关，用指甲抠住沟沿，用双腿蹬着沟壁一点点地往上挪。追上来的敌人发现了她，朝着她猛烈射击，把她的衣服打了五六个洞，头发也被子弹打焦了一绺，万幸的是没有伤着身体。后来，由于毛主席派来了增援部队——中央红军的干部团，终于把敌人压了下去。

中央红军女红军贺子珍在长征途中产下一女婴后寄养在农民家里

1935 年 2 月中旬的一天黑夜，红军渡过赤水河，正在翻越川黔边界的白沙山。早在长征前就怀了孕的贺子珍，这时肚子很大了，只得躺在担架上行军，可偏偏这时出现了阵痛。经过一番寻找，贺子珍被抬到一间低矮简陋的草屋里生产。李治医生负责接生，毛泽民夫人钱希均当助手，钟月林当下手，其他女红军也在一旁自发地准备东西。屋里不时传来贺子珍的呻吟声。大约过了两个小时，女婴终于来到了人间。找不到别的东西，钟月林只好用警卫员吴吉清的脸盆装上温水，让李医生为孩子洗去身上的血污。这个脸盆的用途实在太多了，平时用来洗脸洗脚，开饭时用来打饭打菜，想不到现在又成了浴盆，第二天用来盛饭时，盆沿上还有斑斑血迹。面色苍白、极度虚弱的贺子珍躺在那里，而刚刚出生的婴儿却摇动着稚嫩的小手，不停地哭闹着。连一件给孩子遮身的小衣服都找不到，大家只好用白土布把她包裹起来。长征期间红军曾作出过规定，行军途中不准带婴儿，一是怕带着孩子行军，哭声大，不好隐蔽行军，二是怕行军条件艰苦养不活孩子。贺子珍当然明白这一点。董必武找出了 30 块银圆，然后让侯政扣了两大碗烟土，加上自己写好的条子一起放在孩子包里。董老写的条子大意是，现在我们要出发去打王家烈，行军不能带孩子，这个刚生下来的孩子就寄养在你家里，送给你做孙女吧，她长大了还能帮你干点活儿。贺子珍带着一丝苦涩的微笑，向董老点了点头。贺子珍被重新抬上担架，随着急行的队伍出发了。贺子珍在中央苏区时还生下过一个男孩叫小毛，为了出征，她把孩子托付给妹妹贺怡和妹夫毛泽覃。红军北上后，毛泽覃在战斗中牺牲，小毛下落不明。1950 年贺怡在福建寻找小毛时，不幸因车祸罹难。

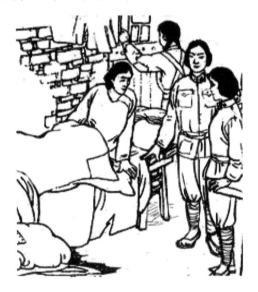

中央红军女红军在茅台不知底细用茅台酒洗脚

1935 年 3 月中旬，红军三渡赤水，来到了贵州省的茅台镇。它位于四川、贵州交界地区，紧靠赤水河东岸，是一个商业重镇。侯政带着女红军们住进了一户富商家。店主听说红军来了，因不了解情况，已跑掉了。女战士们说说笑笑地进屋放下背包，然后就去院子里找水洗脚。找来找去，她们很快发现院子南侧有几个盛满清水的大缸，就拿来各自的盆子，将水舀了进去。"这里的水洗脚可真舒服呀!"金维映率先叫起来。"真是这样!"其他的女红军也深有同感。她们说笑着,欢叫着,虽然水很凉,但是她们甚至忘记要将水烧热。随后进院的董必武听女战士们说着话,便伸出一根手指,蘸了点水用舌尖一舔,不禁眉开眼笑:"你们这些土包子,怎么能在里面洗脚呢?""怎么啦,再好的水也可以洗脚呀!"谢飞奇怪地问。"这是酒,是茅台酒,可名贵呢!""啊!"女红军们这才明白董老为什么会笑成那副模样。大家一听说是名酒,赶紧把脚抽出来。

中央红军女红军中的"女丈夫"喝起茅台既开心又痛快

在贵州茅台镇,一些女红军先是用酒来洗脚。当听董必武介绍说,这是名贵的茅台酒时,随后就有几位能喝酒的"女丈夫",显示了自己的气概。她们找来搪瓷缸子和饭碗,做了些下酒菜,就一碗碗舀起茅台酒，放开肚皮喝起来。当时，没有人知道茅台酒的后劲有多大。她们只觉得喝得既开心又痛快，直到喝够了才回到屋里去。毕竟茅台酒是很冲的。过了不长时间，她们就纷纷醉倒在地了。看来要当一个真正的"烧酒仙"，这些"女丈夫"还有很长的路要走哩。

中央红军女红军吴富莲在彝寨生病尝梨

1935年4月，中央红军渡过北盘江，进入云南省境。红军沿途所经过的大多是彝族人居住的地区。在云南，彝族人享有特殊的地位，云南"土皇上"龙云就是个彝族人，彝名纳吉鸟梯。他手下的滇军，多数也是彝族人。因此，对于红军的到来，彝族百姓显然更相信龙云，许多人都跑散了。由于云南的水质特殊，许多红军都病倒了，大家也不敢随便喝水，只能尽量到彝族村寨去找井水。有一天，干部休养连来到一个小村落。各个班走进事先分好了的房子，驻扎下来。雾蒙蒙的村子，显得冷冷清清，因为妇幼老少都跑光了，只有几声稀稀落落的狗吠。阿香、钟月林、刘彩香等女红军去村庄找水，搀扶着发烧的吴富莲走进了一间低矮的屋子。她们在地上铺了一层稻草，让吴富莲躺下来。然后去灶台烧水。这时，她们意外地发现了一筐又大又绿的梨子。"是鸭梨。""不，是水梨。"大家围着好看的梨子，争论起来，显得兴趣浓厚。"哎呦……真有梨子吗？给我买一个好不？"躺在一旁、半昏迷中的吴富莲轻轻地呻吟着。一听到吴富莲想吃梨子，大家当然要争取满足她，可是当时的中华民国内部各省份物价差异极大，她们讨论了半天，也讨论不出个所以然来，不禁有点想念红军里的最熟悉彝族的人、时任红九军团团长的罗炳辉，要是能问问他该多好呢。最后，这一行人里老家离云南最近的海南人阿香对梨子作出了估价，也就是两三个铜板。可是为了让老乡知道红军的诚意，她们留了12个铜板。为此，阿香还写了一张纸条："老乡，我们是工农红军，路过此地，住在你家。有个人病了，想吃个梨子，我们就拿了一个，现留下十二个铜板，对不起。"钟月林、刘彩香把梨切成一片一片，喂给吴富莲吃。吴富莲吃了梨，顿时感觉嗓子清爽，精神好多了。

中央红军女红军邓颖超日夜看护重病中的周恩来

1935 年 6 月 12 日，中央红军先头部队红一军团红二师第四团，翻过终年积雪的夹金山，到达四川省懋功县城东南的达维镇，在附近的木城沟土桥上与红四方面军第二十五师第七十四团胜利会师。1935 年 6 月 17 日，中共中央和中革军委来到达维镇，当晚两个方面军举行了会师的庆祝大会。8 月 4 日至 6 日，中央政治局在毛儿盖召开扩大会议，着重讨论红军的行动方针问题。从懋功到毛儿盖的 3 个多月时间，中共中央与张国焘之间展开了反反复复的北上与南下之争。在毛儿盖较长的休整期间，时任中革军委副主席的周恩来得了严重的肝脓疡，昏迷不醒长达三天三夜。在这几个日日夜夜里，邓颖超一直守护在周恩来的身旁。李治和王斌两位医生，让战士到

六十里外的雪山上取来冰块儿，冷敷在周恩来的肝区上方，以控制炎症不向上发展，引导向下排脓。邓颖超夜里看着周恩来，睡也睡不着，于是，就把周恩来的灰色毛背心拿来，在油灯下面捉虱子，结果一口气歼灭了 173 只。后来，周恩来终于醒了，排出了半盆子绿色的脓。邓颖超感到万幸，因为这种病在当时的死亡率几乎是百分之九十以上。

苦苦要求出征的红二十五军"七仙女"

1934 年 11 月 16 日，中共鄂豫皖省委和红二十五军近千名指战员，高举"中国工农红军北上抗日第二先遣队"大旗，告别了大别山区的河南罗山县何家冲乡家，开始了长征。其中有七名女红军被称为"七仙女"，她们是周东屏、戴觉敏、曾继兰、曹宗凯、田喜兰、余国清、张秀兰。当她们随红二十五军出征时，还险些被刷下来……当时，前有阻敌，后有追兵，二十五军处境非常危险。经有关领导决定，发给这七位女红军每人八块银圆作为生活费，让她们留在根据地，自己寻找生存之路。"什么？让我们离开部队？"七位女红军坐在路边伤心地落泪了。"不行，我们死也不离开红军！"曾继兰说。"叫我们回去，回到哪里去？我是逃出来参加革命的，难道还让我重新回去当童养媳不成？"周东屏越说越气，把手里的八块大洋狠狠地摔在了地上。七个女红军战士气冲冲地找到军政治部主任戴季英，请求他收回命令。"事情已经决定了，再说我也是对你们的安全负责。"戴季英解释说。但女兵们并不领情，死缠住他要同意女红军随队出征。就在这时，徐海东副军长骑着战马由远处飞奔而来。女红军们深知徐海东这位窑工出身的将领平易近人，对部下有一副热心肠，就像见了救星似的，不约而同地围了上去，七嘴八舌地诉说事情的经过，表述自己的决心，千言万语一个主题：当红军，走革命路，就是死在路上也决不离开红军。徐海东笑着对戴季英为女红军说情："七个女孩子，不多嘛，她们既然有决心，给她们一个锻炼的机会有什么不可以呢？""七仙女"破涕为笑。

红二军团女红军蹇先任给张四妹讲革命故事

　　红二、六军团为了配合中央红军长征，更为了自身的发展，一直在不停地转战着。他们打下了湘西数座县城，包围了重镇常德，迫使蒋介石分兵东顾。在转战湘西的过程中，他们成为许多穷苦人民的救星。女红军张四妹，父亲是个屠夫，母亲熬糖，家里姐妹六个，她排行第四。为了养家糊口，张四妹的母亲和姐姐拼命苦做，清早煮酒、推豆腐，白天种地，晚上纺棉纱，织带子。尽管这样，还是养活不了自己。直到有一天小伙伴告诉她，红军来了。于是张四妹连想都没想，就跑到了龙家寨，参加了红军。贺龙、肖克、蹇先任、蹇先佛看到张四妹小小年纪，但革命意识这么强，都非常疼爱她，还时不时地将她的经历当作阶级典型用来教育战士。行军路上，蹇先任和蹇先佛总是亲切地对她说："小鬼，我给你东西搭上啰！"然后就不由分说地将她的行李放到马上，然后要她揪着马尾巴跟着走。到了宿营地，张四妹就缠着她心目中的偶像蹇先任讲故事。蹇先任于是绘声绘色地说："一次，国民党把我抓住了，关在一间监狱里，到了晚上，天黑得伸手不见五指，我想，这下可完了，这鬼地方，严严实实，怎么办呢？不一会儿，守监狱的敌人'呼噜，呼噜'地睡大觉了，我想，今晚我一定要逃出去，便仔细打量了这房子，那木门是可以开的，但是会发出响声，我急中生智，往门轴里撒了些尿，这样门转动时就不响了，我轻脚轻手悄悄把门搞开了，一口气跑出城外。城外有一条河，河里水很大，隐隐约约看见河里有一根木头，我就飞快跑了下去，趴在浮木上，顺着流水激流而下，我深深吸了一口气，终于脱险了。""姐姐，我以后干革命也要像你这样！"张四妹听了故事，好像浑身充满着力量。

张吉兰痛悼丈夫临别送牙刷

　　早在 1934 年 7 月，中革军委就先后指示红七、红六军团，分别北上向闽浙赣皖、西进向湖南中部前进，实际上是要他们为中央红军长征探路，以配合中央红军的战略转移。当时有 9700 余人的红六军团，共有十余名女红军参加长征，大都被编在军团政治部行军。她们中许多人已经结婚了，而且丈夫就在红军队伍里。张吉兰是一个外表瘦弱但内心倔强的女红军。正发疟疾的她，瘦弱的身体打起摆子来，像是秋风中的一片枯黄的落叶。就算这样，她还是咬紧牙关，坚持拄着拐棍在连绵的秋雨里随队行军。当她真的坚持不住时，旁边就会有人相助，有的把马给她骑，有的扶她上马。那天，红军又牺牲了很多指战员。女红军们在战斗结束后，走上阵地掩埋男红军的尸体。忽然，张吉兰跳下马来，扑向一个直挺挺僵卧战场的红军战士，那正是她的丈夫。她的眼泪和死者的血流到了一起。姐妹们也赶了过去，替她难过。张吉兰用自己的一条夹被裹住了丈夫的身体，然后擦掉了他脸上的血污，盖了手绢上去，最后还转身从背包里拿出一把牙刷放进丈夫的衣袋里。另一位名叫周雪林的女红军觉得有些诧异，忍不住

问："吉兰，你放那个干什么？""他最爱刷牙了，他的牙有毛病，不刷怎么行？"张吉兰回答。直到张吉兰走远了，不再回头看时，姐妹们才掩埋了她的丈夫。

红二方面军女红军马忆湘在长征中坚持学习

由红二、六军团组成的红二方面军，在长征途中转战湘西过程中，不断"招兵买马"，扩大红军，成了许多穷苦人民的救星。

年仅 13 岁的土家族小姑娘马忆湘，也是在这次扩红中成为一位红军战士的。马忆湘，1923 年生，湖南永顺人，是个土家族姑娘。她长得很秀丽，细腻白皙的皮肤，圆圆大大的眼睛，还有一张圆润可爱的鹅蛋脸。穷苦出身的她不堪忍受生活的重负，三番五次要求参加红军，可是扩红队看到她这么小，又是女人，当然不愿意收。无奈之下，她虚报了两岁年龄，找到了在乡政府工作的表叔表婶再求红军医院的护士长说情，这才当上了红军。于是，少女小马兴冲冲地做起了洗绷带、洗衣服的女看护。爱学习的马忆湘，后来成为军旅作家，著有长篇小说《朝阳花》。

红二方面军女红军蹇先佛在草地牛场废址生下"堡生"

1936 年 7 月 1 日，跨越了千山万水的红二、红六军团，终于来到四川甘孜，与再次翻越雪山的红四方面军会合，并举行了两军会师大会。然后，他们相继进入茫茫无际的大草地，北上与中央红军会合。做了母亲的贺龙夫人蹇先任，看到妹妹、肖克夫人蹇先佛挺着个大肚子，行走已很笨重，便主动上前关怀和照顾。进入草地后，当姐姐的一面背着抱着八个月大的女儿，一面形影不离地伴随着妹妹，沿途给予照看。十月怀胎，一朝分娩。妹妹的孩子，终于在红军过草地的关头降生于世。四周无遮无挡，没有一处可供产妇平安分娩的土屋或毡房。肖克及时找到一处藏族牧民转场后遗弃

的牛场废址，于是叫警卫员就近挖了一些草皮，急急忙忙整修了一下，当作产房。蹇先任亲自接生，帮妹妹生下了这个孩子。肖克将这一处牛场遗址称为"土堡"，故在孩子出生后即取名"堡生"。

红二方面军女红军抱着小孩背着大锅在长征中艰难跋涉

红二、红四方面军在草地的北部边缘，足足走了一个多月。为何如此缓慢呢？原来他们不愿放弃一个伤病员，哪怕走得慢一点。有一天，红二军团六师侦察连的肖新书和宋廷魁，带着十来个战士走在队伍的最后担任收容工作，突然听到了整齐的歌声。他们一看，原来是二十来个女红军，正抬着伤员，慢慢地行进着。其中一位叫张秀梅的女红军，还背着铁锅，抱着孩子。"你看你前面抱着，后面背着，真够累呀。"肖新书说。"不累，熬过草地就好了。"张秀梅喘了口气，做轻松状。"可是，要是掉队就不好办啦，后面没部队啦。"宋廷魁插话道。"谁掉队呀？要不是担架上的伤员要慢些走，你们怎么也赶不上我们。"张秀梅瞪了宋廷魁一眼。可是话音未落，抬担架的小王姑娘就饿晕了。张秀梅急了，她命令小王先吃下伤员的干粮，然后回宿营地再补充。"可这是伤员的，我怎么可以吃呢……"小王哭了起来。"我这里有呀，吃我的！"宋廷魁拿出了自己的干粮给小王吃。于是大家停下，耐心地等小王吃完，然后才开始行军。小王和几个面黄肌瘦的女红军拄着棍子，深一脚浅一脚地走着，速度比以前还要慢。侦察兵们有的替女红军抬担架，有的替她们背药箱，肖新书背着张秀梅的30斤重的大铁锅，累得

直喘气。宋廷魁逗着张秀梅的小孩，把他裹在了自己的军装里。小孩开始哭叫，张秀梅哄着小孩："到营地我给你喂奶吃，现在先让叔叔抱抱好吗？"话虽如此，张秀梅骨瘦如柴，胸部平平的，自己哪里有奶喂呢？战士们不禁问道："为什么不先把孩子放下，不然母子都会很虚弱。""我想，他长大了也可以为革命做点事呀。"母亲的眼里藏的都是对儿子的爱。侦察连的战士将自己的口粮匀给了张秀梅，肖新书说："到宿营地，给宝宝熬点稀的喝吧。"红二、四方面军走出草地后，继续执行着中央军委的任务，参加山城堡战役，1936 年 10 月 10 日红一方面军与红四方面军在会宁会师，10 月 22 日红一方面军与红二方面军在将台堡会师，长征胜利结束。至此，长征正式结束，中国革命翻过了新的一页。各路女红军也踏上了新的征途。

红四方面军女红军史群英自告奋勇表演节目要求当宣传队员

　　1932 年 6 月，红四方面军由鄂豫皖苏区来到四川北部通江、南江、巴中，10 月建起了新的川陕根据地。在打土豪分田地运动中，涌现出一大批妇女积极分子，红四方面军总部和川陕省委决定建立一支正规的妇女武装部队——妇女独立营。后来，独立营由于工作出色，发展很快，升级成了独立团。1935年初，又升格为在红军历史上建制最大的妇女部队——妇女独立师，下属剧团、医院、工兵营和运输队等，由张琴秋任师长，部队人数达到两千多人。1935年1月，为策应中央红军西进，强渡嘉陵江，揭开了红四方面军长征的序幕，妇女独立师也随军行动。当时，红四方面军妇女独立师要组建一个新的宣传队。挑谁来当队员呢？一位迷恋红色文艺的少女史群英，就在这个时候成了宣传队的一员。那是一次新战士集中讨论十月革命意义的时候，她自告奋勇地要求当宣传队员。"当宣传队员？你会唱歌跳舞吗？"当时在场的张琴秋师长不禁问道。"我会的。"史群英自信地回答道。"那你给大家表演一个节目好不好呀？""好！"于是，史群英大着嗓门，胡乱唱起了《八月桂花遍地开》。这首歌她只听过一两回，结果直唱得音色全乱，旋律全无，全场大笑不止。可是，张琴秋却赞许地点了点头，她觉

得这个小孩胆子很大，做宣传工作哪里能怕羞呢？于是，史群英和女伙伴们兴奋地敲着大锣，走乡串镇去做宣传工作。她还说起了顺口溜《问老王》："王老五，苦不苦？黄连加上苦瓜煮。今天你上哪里去？投奔红军打官府。官府衙门兵刀多，革命哪怕丢脑壳。打倒官府干什么？夺得江山人民坐。"因为扩红颇有成绩，她得到了很多奖品，比如衣服、毛巾、铅笔、缸子、本子等。后来，她被调到红军医院当了看护。

红四方面军女红军蒲文清照顾宋益民营长

在红四方面军翻越党岭雪山时，军总医院第四分院的女看护蒲文清已经害了雪盲症，眼睛红肿且不停地流泪，仍然一手拄着棍子，一手抬着担架。个子矮矮的蒲文清和其他女红军抬的是宋益民营长。他在一次战斗中因大腿受到敌人机关枪的扫射，皮肉撕碎，露出了白骨。天实在是太冷了，况且走得越慢越觉得冷。蒲文清等女红军嚼着海椒，不时摸摸担架上的宋营长。看到冷风越来越强，几个小姑娘都争着脱掉毛衣给宋营长盖，可宋营长的身板是那样宽阔，而少女的毛衣却又那样小，几件毛衣披上去，宋营长的膀子还是没有挡住。当队伍爬到半山腰时，突然风吼雪飘，一阵冰雹从天上砸下来。蒲文清立即传达前面的命令，放下担架，停止前进。大家迅速围扑在一副副担架上。蒲文清她们几个，也扑在宋营长身上，用瘦弱的身板挡住橘子大的冰雹。宋营长冻得发抖，只见他摇了摇头，用很微弱的声音说："不要管我！你们已经完成了任务。赤化全国就好了，我怕是赶不上了……"话未说完，只见宋营长在扯盖在身上的衣服。蒲文清忙问他要干什么。宋营长紧闭双眼，脸色青紫，嘴唇哆嗦着说不出话来。一个小鬼把耳朵贴到他嘴边使劲听，才知道他要把盖在身上的衣服揭开，让小鬼们披上，怕把她们冻坏。蒲文清从几件毛衣的缝隙里，模模糊糊地看见宋营长伤口渗出的血已经冻成了冰。蒲文清又用手摸

摸宋营长的身体，冰凉冰凉的。等蒲文清她们把宋营长伤口上的冰抠开，又把盖在他身上的衣服紧紧地掖好时，发现宋营长已经停止了呼吸。只见他的一只手还在向上推着盖上去的衣服，另外一只在解衣服扣子。蒲文清和小姊妹们的眼泪，融化了已经冻成了冰的营长的血，一滴一滴，滴到了雪白的地上。等冰雹过后，蒲文清和几位战士用几乎冻僵的双手，用一捧捧白雪，把烈士掩埋，并拣来几根干树枝插在雪堆上。大家向睡在雪山上的宋营长，行了一个军礼。翻越党岭山，是红四方面军南下后所经历的一段最使人难忘的经历。

红四方面军女红军翻越风雪党岭山

1935 年 10 月 19 日，北上的中央红军来到陕北的吴起镇，胜利结束了长征，随后又与先期到达陕北的红十五军团会合。可是，南下的红四方面军战士们虽然英勇奋战数月之久，可最终还是在中央军和川军的进攻下，失去了阵地，部队不得不再一次转移，这也标志着张国焘的南下计划彻底失败。1936 年 2 月，红四方面军被迫翻越折多山，这是红军长征中最难爬的一座雪山。折多山顶峰叫党岭山，海拔高达 5000 多米。由于其山路是呈曲折的"之"字形，因此实际距离更长，紧赶慢赶，上下山也得两天时间，也就是说，还得在雪山顶上露营。妇女工兵营此时仅剩 300 余人，减员一半。面对如此高山，她们每个人要背五六十斤粮食。上山之后，冰雹就开始肆虐，姑娘们有的被砸出了大包，有的得了雪盲症。于是，大家一手拿棍，一手搭着前面人的背篓，成一路纵队艰难前行。时任妇女工兵营营长的杨文局晕倒了，大家又是捶背，又是揉腿，还灌药水，折腾了半天也不见醒。后来，身材高大的杨秀兰把她背下了山，经过医生抢救才苏醒过来。"供给部，派个人上来做保险。"原来在急转弯处，一面是陡坡，一面是深渊，道路很窄，要设一个保险哨。"嗯，我来。"一位女红军说。"还是我去吧！"通信班的王班长说道。"我是共青团委员，服从安排，我去。"张苏说。"可你是女同志呀。"王班长说。"女同志怎么啦，比男同志轻啦？矮啦？革命少啦？亏你还是革命的红军战士呢。"张苏说。可毕竟王班长走得比她快，背的东西也没那么沉，于是哨位还是让王班长占住了。突然，王班长摔了下去，他落下的地方，腾起了一团白雾。张苏难过地说："跌下去的应该是我呀……"

中红网编写

二、《永远的红军》

CCTV 7 播出大型档案纪录片《永远的红军》

由中央电视台军事节目中心联合中国人民解放军档案馆、中国人民革命军事博物馆、新华社解放军分社摄制的档案纪录片《永远的红军》，从 2011 年 17 日晚 8 点 35 分开始，在中央电视台第七套节目陆续播出。

《永远的红军》力求以讲故事的方式，用最细化的小故事，从现代人的小视角进入，用全新的视角展现中国革命历史的波澜壮阔。20 集电视片的播放将这些革命老人最真实的一面展现在观众面前，群众反应非常强烈。

系列片《永远的红军》通过独特的思路和视角，探访追寻红军的伟大精神力量，而节目中那些红军老战士的述说，把最深的祝福献给伟大的党，献给伟大的祖国，传承给后人，点燃观众崇高信仰的精神火花。

我们真诚地祝福他们，祝福所有健在的老红军，我们会记住历史，让红军精神永存！

广大群众崇尚长征精神

中央电视台拍摄的 20 集大型文献纪录片《永远的红军》第九集《胡同里的红军奶奶》播放后，收到的电话、短信、微信、观后感等，充分反映了广大观众崇尚长征精神！每段文字和话语都让你感觉到，老红军和他们用鲜血和生命铸就的长征精神，是国家和民族最为宝贵的财富。必须永远珍惜、弘扬、传承！是中国新长征路上的巨大动力。请看几段摘录：

1. 惊悉老红军去世。她对事业的忠诚，对人民的爱，对同事的关心及助人为乐的精神，她勤俭朴实的生活作风，都深深感动和教育了大家。她虽然离我们而去，但她崇高的精神，纯粹无尘的心灵永存人间。

2. 为什么长征在离开我们已经 75 年后的今天，观众们对红军依然如此敬仰，对长征精神如此赞扬？因为从这个短片中看到，一个为支援国家建设提前退休到街道的红军战士，是怎样在几十年居委会的工作中，始终坚守为人民服务、淡泊名利、无私奉献的本色。她一生都在践行这种精神！我们对红军战士、对真正的共产党员表示深深的敬意和敬仰之情。所以，我们要永远发扬并一代一代传承下去。

3. 有人问：长征精神到底是什么？蒲奶奶告诉你：把你的工作做好就行，人民满意就行。这么平凡而又朴实的话语，就体现出了一名共产党员永恒的信仰和坚定的追求。

4. 不需要许多的豪言壮语，如果能在一生中践行蒲奶奶"你把你的工作做好就行，人民满意就行"这句话，我们至少就无愧于自己的良心了。我敬重老奶奶和她的这种精神。

5. 看完《胡同里的红军奶奶》很受教育。我们一定以她老人家为榜样，继承红军的优良传统，干好本职工作。看看这些革命者，自己还争什么呀。应该努力干好自己的工作，让人民满意。

6. 深切悼念敬爱的蒲文清老妈妈。她平凡而伟大的一生，永远感动和影响我们后人。

7. 老红军蒲奶奶，虽然平凡了一生，实际上是伟大了一生。只是她老人家只在乎平凡，只在乎踏踏实实做好自己该做的事。什么伟大不伟大，群众满意就好。这是老人的伟大红军精神所在。

8. 老人家几十年在讲述着后人没有经历过的事情，感动和教育着我们和我们的后代。说实在的，再不抓革命传统教育，以后的孩子们都不知道毛主席和长征了。想着这些，心中充满危机感。想着这些，更要向老革命者致敬了。

9. 老红军蒲文清，一直在很平凡的基层全心全意地工作，受到群众的拥戴、敬佩、怀念。这是她实实在在干出来的，不是捧起来的。群众说老人伟大，也是她几十年如一日不图名利干出来的。我们永远不会忘记这个平凡的老红军。

10. "红军精神感动中国。长征精神感动世界！"

电视观众为什么会有这么强烈的反响？可能因为胡同里红军老奶奶的平凡和她坚守本色的精神，感动了他们。其实当年红军战士们，共产党员们，不都是这样忘我地、全心全意地为群众服务吗？这就是在昭示我们后人要代代传承长征精神！

三、接受北京电视台《晚情》栏目组采访

这次采访的内容主要讲述一个延安娃对延安的眷恋、感恩之情，以及30多年寻找自己出生地、父母曾经的工作单位、记忆中的童年生活、记忆中教育影响自己成长的那些伤残红军战士叔叔阿姨们的心路历程。立志要找到延安荣校在甘泉县下寺湾的遗址，以及记忆中那些在荣校出生的延安娃兄弟姊妹，哪怕能找到一个也好。这样，我这个荣校的后代就可以告慰那些在天之灵的红军老前辈了。非常感谢北京电视台《晚情》栏目组的采编们，他们非常认真负责，反复斟酌采访、解说与画面，并分成两集两次播放，观众反映强烈。

经过几十年坚持不懈地寻访，在延安革命老区文物保护委员会、文化文物局、延安革命纪念馆、延安中国干部学院、延安新闻纪念馆、甘泉县文物局、下寺湾人大、下寺湾文管所多方努力下，终于在延安甘泉县下寺湾闫家沟，选择利用荣校当年破旧窑洞，恢复延安荣誉军人学校遗址，并立碑说明，感谢延安市及相关部门。恢复了荣校遗址，就是恢复了荣校的历史地位，就是恢复了延安时期的一个很重要，但又很不寻常的、毛主席亲自关注又亲自改名字的特殊单位。

四、女红军蒲文清子女捐赠文物

　　蒲文清生前一贯教育子女重视文物资料。她说这些东西在家就是物件，要交给纪念馆和国家就是一段历史。所以她一生一直亲历亲为。她逝世后，子女们也把捐赠革命文物作为己任，向诸多博物馆纪念馆积极捐赠。这里介绍向中国女红军纪念馆的捐赠。

　　2011 年 11 月 12 日，四渡赤水纪念馆馆长罗永赋、副馆长袁正纲在中红网总编江山的陪同下，来到女红军蒲文清女儿何丽家中，何丽及两位弟弟早已等候，今天他们将在中红网总编江山的见证下，将母亲蒲文清的照片及生前穿着的衣服捐赠给中国女红军纪念馆。

　　蒲文清，生于 1918 年 7 月 18 日，四川巴中县人。1933 年 9 月参加中国工农红军，被分配到红四方面军总医院当看护，参加了长征，任护士排长，到达陕北后就读抗大第八期。先后在清凉山中央印刷厂、延安荣誉军人学校工作，1948 年任二野炮兵旅妇女学校区队长，1937 年成为中国共产党党员。中华人民共和国成立后，蒲文清转业到中华人民共和国交通部，在北京市工农干部文化补习学校学习两年。1956 年响应国家号召，提前退休到北京市东城区交道口街道办事处，1978 年重回交通部，任政治部组织部四处休干管理组专职支部书记，1979年光荣离休。蒲文清在战争年代，多次救护战友，党分配给她什么工作，她就努力干好，毫无二话。中华人民共和国成立后，她更是本着全心全意为人民服务的精神，将居委会的工作干得有声有色。她曾先后担任妇女主任、治保主任、居委会主任和居委会党支部书记，曾被选为东城区和北京市人大代表，东城区和北京市党代表。

蒲文清女儿何丽在2009年中国女红军纪念馆开馆时曾经捐赠过一次蒲文清的照片和用过的东西。蒲文清去世后，何丽姐弟整理完遗物后，决定将老人家的部分老照片和用过的东西捐赠给中国女红军纪念馆展出。

四渡赤水纪念馆馆长罗永赋在接受捐赠后说："中国女红军纪念馆将把女红军蒲文清的事迹展出，把子女们捐赠和提供的资料好好保存，将蒲文清的优良革命传统精神继承和发扬下去。"

罗永赋（左二）、袁正纲（左一）接受何丽（右一）姐弟的捐赠

1. 蒲扇说明

这把陈旧的老芭蕉叶蒲扇，是老红军蒲文清同志生前特别珍爱的东西。它在蒲老身边 30 多年。每当夏天到来之前，她都会让儿子把它从存放的柜子里拿出来，亲自把它擦洗干净，以备她自己和来串门的朋友、战友、邻居们，以及儿孙回来用；每当秋凉刚刚开始，她就又亲自用温水和湿布把扇子擦洗干净收起来。她说："扇子为我们服务一夏天了，让它休息休息，明年好继续为大家服务。再说，我们也应该谢谢它。"

其实，家里既有空调又有电风扇，但老同志的最爱却是这把老扇子。她说："扇子会越来越破旧，可是它能时时提醒你莫忘本。国家和人民都是从困难和艰苦中走过来的。扇子就是历史的见证。"

话语很简单，意思很明了。所以几十年来，全家老小都遵从蒲老的意志，爱护和珍惜这把老蒲扇。

蒲老共有三把这样的蒲扇。有一把破损得实在没有办法缝补，只好忍痛丢掉。还有一把，就留给家人永远地珍藏了。她的儿女们说，蒲扇很普通，但很珍贵。因为它不仅代表了母亲，也代表了这一辈老红军永远的精神和品质。我们必须好好传承并发扬光大。

2. 衬衣说明

一件小格子衬衣是花 39 元买的。因为物美价廉，蒲老十分喜欢和珍爱。所以，它有幸成为蒲老参加社会活动最多的"礼服"。无论儿女怎么劝说，她非但不动心买新衣、换新装，而且也不穿其他比这一件要好的衣服。她是只要天气好，就要穿这一件出席各种会议或活动。她说："衣服不在于好赖，但要干净整洁。这是礼仪。

老百姓还懂得笑破不笑补呢。我们当年穿的粗布军装，不是照样打败国民党反动派。有啥穿啥，不讲究，但要讲传统、讲作风、讲传承、讲思想品质。"

蒲老家的孩子们都非常孝顺，因为条件允许了，所以一年四季总是不断给老同志添置各种衣物。正如她自己所言"衣服多得穿不完"。可是，你却从来看不到她的新衣服、好衣服。衣服都哪儿去了？几乎都先后捐赠给他人了。而留给自己的，哪怕已经很旧了甚至缝补过，都是她的最爱。蒲老一生简朴。她的口头禅也是她教育家人的"新三年，旧三年，缝缝补补又三年"，已然成为我们的家风。

蒲老有两件这样的"礼服"，一件捐赠给纪念馆，另一件家人珍藏。儿女们说："母亲的这一件普通布衣服，比任何金银绸缎都珍贵。她代表了母亲几十年坚守本色、淡泊功名利禄的崇高品格与精神。子孙后代要好好传承。"

3. 假牙说明

不知你是否相信，蒲老一生只镶过一次牙。这副牙，是在她40多岁的时候，因为患牙病将满口牙拔掉后镶的。当时经济条件虽然不好，但主要还是因为舍不得，就镶了这么一口塑料材质的假牙。

几十年间，牙龈反复发炎甚至脓肿。医生在治疗中多次劝她重新换一副假牙，并郑重告诉她说，口腔牙齿病可以引发全身性疾病。而蒲老淡淡地一笑说："给公家节省点吧。"就这样，一直坚持到她93岁逝世。

中年时期，牙龈病痛一直困扰着蒲老。可是，这既没有影响她对生活的乐观，也没有影响她为群众服务的热情。

晚年，也就是自 70 岁到她 93 岁离世，由于牙龈萎缩，被严重磨损的假牙在牙床不能稳定，这带给她的痛苦与不便，恐怕是常人难以想象和承受的：吃一点东西就要赶快刷洗，吃一顿饭不知道要咬破多少次舌头。与别人说话聊天儿稍不注意，牙齿就会往嘴外跑。尤其是，蒲老是个红歌不离口的老人，当她每唱一句或者唱完一首歌，都要以极大的毅力控制住一副爱往嘴外跑的假牙，还要让所唱的歌曲不跑调儿。这对于一个八九十岁的老同志来说，可不是一件容易的事情。

一副塑料假牙不值几个钱。可贵的是，蒲老留给我们的精神财富。

五、北京市东城区教育关工委举办弘扬长征精神的活动

中红网北京 2016 年 5 月 20 日电（王子禄、丁尔庆），今日上午 10 点，东城区委老干部局、区文明办、区关工委、区教育系统关工委和东四九条小学在东城区委老干部局三楼多功能厅隆重举办"纪念长征胜利 80 周年·继承和发扬革命传统"大会。

大会特邀了红军后代代表李大钊之孙李建生、肖劲光大将之女肖凯、博古外孙刘必光、龙飞虎将军之女龙铮、蒲文清之女何丽、赵章成将军之子赵七一、董必武之孙董绍新、老红军张敏之子张晓川及儿媳董海涛等出席活动。

革命前辈们为我党的创建，为中国革命斗争，为中华人民共和国的成立和社会主义建设，作出丰功伟绩和付出鲜血以至生命的代价，永载中国革命史册。他们伟大的奉献精神、不朽的长征精神、全心全意为人民服务的精神，就是中国精神，是我们千秋万代要永远传承和发扬的。而今，他们担起后代的责任与义务，弘扬革命精神，讲父辈的革命故事，寻史书写父辈的红色经历，尽各自心力践行着后代的责任与义务。

东城区关工委常务副主任侯守峰、区委老干部局副局长高会

来、区文明办副主任吴晨、区教育系统关工委副主任刘顺利及东城区离退休老干部、党支部书记等代表出席了大会。

纪念大会安排首都优秀巾帼志愿者、北京市社区文明之星庄则平向与会者讲述了中国工农红军二万五千里长征的史实及历史意义；与会的学生现场齐声朗诵了毛主席的《七律·长征》，场面十分感人。

纪念大会上，特别安排播放了中央电视台拍摄的 20 集文献纪录片《永远的红军》第九集专题片《胡同里的红军奶奶》。

这部 20 多分钟的文献纪录片纪录的主人公蒲文清，五次受到毛主席接见。1978 年重回交通部直到生命的最后一刻，老红军蒲文清始终自觉坚持宣传党的光荣历史和伟大的长征精神。老红军蒲文清一生坚持共产党员的理想信念，忠诚党的事业，无私无畏，一心一意为基层群众服务，始终保持了艰苦奋斗的光荣传统和红军战士的本色。她的一生是追求和奋斗的一生，是为人民奉献的一生。她是中国无数老红军的典型代表。

红军后代代表何丽，向东城区关工委及东四九条小学赠送了她用十年心血编辑出版的红色记忆图书：《我的红军母亲——蒲文清》和《拭去尘埃的岁月——我的父亲何炳文》。

会议号召广大青少年，一定要继承革命先辈的遗志，完成他们未竟的事业，继续和发扬优良的革命传统，培育和践行社会主义核心价值观，系好"人生第一粒扣子"，紧密地团结在以习近平同志为核心的党中央周围，为实现中华民族伟大复兴的"中国梦"，为实现"两个一百年"的奋斗目标作出自己的贡献！

六、纪念长征胜利 80 周年
——"红色记忆图书"新书发布会举行

中红网北京 2016 年 3 月 8 日电（江山、孙博、布铁威、王子禄、盛格文）：

"庆祝'三八'妇女节，弘扬红军精神！"

"向中国女红军致敬，向中国女红军学习！"

"走过的是岁月，逝去的是浮华，留下的是记忆，传承的是精神！"

……

今天上午，在中国妇女儿童博物馆隆重举行的庆祝"三八"妇女节，弘扬红军精神——纪念红军长征胜利 80 周年《我的红军母亲——蒲文清》新书发布会上，人们这样热烈地交谈着、歌唱着、欢呼着。

新书发布会由中国妇女儿童博物馆、中国红色文化研究院、中国民主法制出版社共同举办。老红军张敏及夫人张玉英，中国红色文化研究院院长、全国工商联原副主席王治国，毛泽东侄女毛小青，周恩来侄女周秉宜，朱德亲属刘德、刘克明，李大钊之孙李建生，博古、刘群先外孙刘必光，董必武之孙董绍新，陈毅之子陈昊苏，谢觉哉之子谢飘，吴玉章孙女吴本立，胡乔木之女胡木英，以及社会各界嘉宾 200 余人应邀出席了新书发布会。中国妇女儿童博物馆副馆长杨源策划并主持了这一活动。

2016 年是红军长征胜利 80 周年，纪念这一重大历史事件是党和国家宣传的重要主题。为深入发掘红军精神的历史内涵与时代价值，配合党和国家的宣传纪念活动，在庆祝"三八"妇女节之时，举办庆祝"三八"妇女节，弘扬红军精神——纪念红军长征胜利 80 周年《我的红军母亲——蒲文清》新书发布活动，重温红军故事，传承红军精神，传递正能量，共筑中华民族伟大复兴的中国梦，有着非常重要的意义。

在新书发布会上，老红军张敏，红军后代代表、陈毅之子陈昊苏，中国红色文化研究院院长、全国工商联原副主席王治国先后讲话，热烈祝贺《我的红军母亲——蒲文清》一书出版。他们在讲话中，充分赞扬红军是中国人民伟大民族精神的不朽丰碑，宣传红军的感人事迹和伟大精神，对加强爱国主义和无私奉献精神教育，鼓舞激励广大人民群众为中华民族伟大复兴作出贡献，将起到积极的作用。

《我的红军母亲——蒲文清》一书作者何丽在讲话时深情地说："我们是女红军的后代，永远不要忘记，永远不能辜负'后代'的责任和义务，积极传承弘扬长征精神和红色文化。"

在热烈的掌声中，何丽分别向中国妇女儿童博物馆、中国国家图书馆、中国红色文化研究院和北京市东城区关工委，捐赠了《我的红军母亲——蒲文清》和《拭去尘埃的岁月——我的父亲何炳文》这套红色记忆图书。中国妇女儿童博物馆和中国国家图书馆，分别向何丽颁发了捐赠证书。

红军后代代表、龙飞虎与孟瑜之女龙铮在讲话中，非常动情地说："在我们纪念红军长征胜利80周年、缅怀长征中英勇的红军将士们的时候，更不能忘记这些经历过长征的母亲们。"

周恩来侄女周秉宜告诉记者："从这两本书，我们看到了何炳文、蒲文清两位前辈，用自己一生的行动告诉大家，什么叫信仰？什么叫忠诚？共产党是干什么的？什么叫共产党员？一句话：共产党就是为人民服务的党！共产党员就是人民的勤务员。"

老红军张敏及夫人张玉英出席发布会。老红军满怀激情的讲话感动了全体与会者。老红军特别强调要大力宣传长征精神，宣传红军精神，宣传红色文化。要多多重视对青少年的教育。

在新书发布会现场，被誉为"中华书法神童"的何世龙，当场挥毫泼墨，奉献墨宝，以自己的实际行动诠释新一代青少年对老红军的敬仰，对红军精神的传承与弘扬。

北京开国功勋后代艺术团的团员们，先后奉献了大合唱、男声小合唱、女声小合唱、京剧清唱、男声独唱等精彩文艺节目，用歌声将纪念活动推向高潮。

参加今天新书发布活动的革命后代、有关方面人士还有：中国红色文化研究院荣誉院长陈干群，萧军之子萧鸣，国家图书馆副馆长刘惠平，中央党史办宣教局副巡视员邢济萍，肖华、王新兰之女肖雨，洪学智、张文之女洪洋，傅钟之子傅晓钟，伍修权之女伍一曼，何长工、尹清平之女何光瑨，黄静波、高尊一之子黄少南，龙飞虎、孟瑜之女龙铮，张南生子女张雁之、张国欣，赵章成之子赵世拾、赵七一，任荣、黄琳之女任冰，吴先恩之女吴雨鹭，钱希均之女周幼勤，钟元辉之子钟冀江，高秀英之子钟延辉，张琴秋外孙刘炳红，汪道函之女丹妮，王直哲之子王东哈，马云峰、谭新华之子女马立国、马卫国，贺怀恩、苗玉香之女贺小洛，王克之女崔利群，姚一廷、彭克昌之子姚景川，冯新之女郭景川，肖赤、孙克之子肖援朝，谢才贵之女谢丽荣，侯正果之子侯建华，何炳文、蒲文清子女何丽、何春忠、何济平、何燕生、何欣生，王泉媛干女儿、成都红后联谊会副会长叶开敏，北京开国功勋后代艺术团团长李新国、副团长兼指挥李晓津、钢琴伴奏罗晓京，安徽省映山红博览园文化发展股份有限公司总经理储毅、映山红驻京办主任叶丙勇，等等。

还想说的话

　　这本纪念册是在父母百年诞辰之际，在 2015 年出版了《拭去尘埃的岁月——我的父亲何炳文》《我的红军母亲——蒲文清》这套红色记忆图书之后，心里一直想着怎样纪念父母的百年诞辰，怎样向我的平凡而崇高的老战士父母，表达我这样一个 77 岁的老孩子的感念之情。虽然我花 30 多年工夫克服病痛、家庭等种种困难，终于找到他们魂牵梦绕的荣校遗址及相关历史，找到一些曾经在荣校休养和工作过的叔叔阿姨；虽然我花 10 年工夫把他们的人生经历记录编写出版，但对父母的怀念、感恩之情非但没有减轻，反而越来越重。尤其 75 岁以后身体情况不好，心力衰竭频发，就更加重了这种情感。于是，决定写一本怀念、感恩父母的纪念册，且在弟弟妹妹的支持和帮助下，抱病完成了。现在由中国出版集团研究出版社出版了。我的心终于踏实了，安定了，平静了。

　　我之所以要写出这些想法，是因为我认识的许多开国领袖、开国将帅、开国功臣、革命英烈、平凡的老兵——我统称为老战士的后代们，也就是我的兄弟姐妹们，大都有这样的想法和心情。

历史是由一辈辈联系起来的。而我们，正是这承上启下的一代，肩负重任呢！不在于我们的书写得多么好，不在于我们的纪念册编辑得多么华丽，而在于我们的后代为社会用心记录了红色的记忆，这是最为珍贵的革命回忆录和史料。兄弟姊妹们，大家都行动起来吧！不怕慢，只怕站！所以我将这段文字作为"编后语"。

延安娃　何丽

2018 年 12 月 26 日

永远的战士精神

　　我的父亲、母亲是一对红军老战士。有所不同的是，父亲1932年参加革命工作。1936年12月，在西安七贤庄1号红军秘密联络站入伍，成为一个不能公开身份的红军战士。随后被杨虎城将军派往延安执行特别任务；而母亲，则是1933年9月在四川巴中参加红军，1934年10月跟随红四方面军88师两过雪山草地。他们于1936年先后到达陕北延安。

　　几十年来，这对老战士不忘初心，始终坚定地忠诚于革命理想与信念；坚守革命战士的思想品质；坚守老战士艰苦奋斗、淡泊名利、吃苦在先的战士本色；坚守在平凡的老战士的岗位上，无私地为人民奉献着心力，直至生命的最后一刻。

　　所以"战士"，这两个看起来很平常、很普通的字和称谓，在父母眼里却内涵深刻、分量特重、意义非凡。因为他们从参加革命的那一天起，就亲历和见证了战士对党和人民的忠诚，亲历和见证了战士为人民服务吃苦在先的无私无畏，亲历和见证了战士为维护人民利益抛头颅、洒热血的赤胆忠心。因而战士的信仰、忠诚，意志、本色，就深深地印在了他们的心里，融入了他们的血液中。从而成为他们永远的情怀、永远的追求！

在他们眼里，中国人民解放军的八一军旗上，写满了"战士"两个鲜红的大字，写满了战士质朴的品质、思想、境界，绽放着战士平凡、闪光而伟大的精神。这正是中国人民解放军最神圣、崇高而不朽的灵魂，体现了战士伟大的家国情怀！

所以"战士"这个词和称谓在父母心目中，就意味着个人对国家和人民的忠诚、绝对服从与无私奉献。他们就是怀着这样的理解与认识，一生都在努力着，践行着！而对他们的子女后代，也是这样教育影响着，期望他们能成为真正的战士！

所以他们不但支持子女入伍当兵，而且支持他们到祖国最需要、最艰苦的地方去。即使父亲因"文化大革命"被迫害致死后，母亲还特别为我的三个弟、妹"走后门"，专门选择了边远和条件艰苦的西藏、甘肃定西、福建福清高山去当兵。母亲当时的主导思想是：第一，老何走了，继续送孩子当兵。第二，当兵，就到父辈们走过的艰苦的地方去！第三，虽然时代不同了，但当兵戍边保国的责任、使命是一样的。所以，父母能在转战陕北时，为了减轻组织负担，为了节省一头毛驴，而不惜将自己6岁的女儿由保育费转成战士待遇，让她跟着转移的队伍徒步行军，就不足为怪了。

荣校，是延安荣誉军人学校的简称。学校几乎所有的工作人员、休养员，都是不顾伤残，以超人的意志和坚定的信念长征到达延安的。父亲、母亲，是怎样到荣校去的呢？当时，他们都在军委驻南泥湾生产办公室。生产科长的父亲组织劳动生产。母亲既参加生产又照顾父亲。一个通知，就将他们调到中央卫生部的荣校，父亲任管理科长、生产科长。领导给父亲的明确指示：调你不是去休养而是去工作。因残废做残废工作最方便合适。母亲则是为了照顾和辅助伤残的父亲。

我的父亲何炳文是因劳山事件负伤致残的。这就是组织调他去荣校工作的理由。但他人残志不残。他一个年轻的革命伤残战士拄着双拐，与母亲一起赴任了。

赴任的第一个考验，就是负责组织上千荣校修养员、家属、娃娃的千里大搬家。你无法想象，一个20多岁拄着双拐的年轻科长，在上级和荣校领导的带领及全体同志的努力下，他到底经历了怎样的艰难困苦，怎样克服伤痛及拄双拐的不便，一路上受到过敌人怎样的骚扰，等等，完成了整整一个多月的千里大搬家！而这段危险重重、艰难困苦的经历，却在父母的记忆中被永远地深藏起来了。

我在荣校下寺湾的窑洞出生，成长在这些红军伤残战士中间。因为母亲把她特别好的奶水，都喂了那些没奶的重伤员的孩子，所以我是吃红军妈妈们的奶水和百家饭长大的。我从小就亲眼看见荣校那些没有胳膊，有的单腿或双腿高位截肢架着拐都不能行走，有的背不能直腰不能弯，有的头不能抬脖子不能扭，有的耳聋甚至半个脸都没有了，有的十个手指竟然只有一个还不能弯曲，有的因身体多处弹片没有取出，常常疼痛难忍……但是他们却与常人一样参加生产劳动，有的比正常人还能干，就连山下那些双腿伤残没法行走的，都捻毛线、纺线、织袜子、做鞋底。他们不但给公家缴公粮、还给前线战士做服装军被鞋袜。他们就是让军委和边区政府领导、让延安人民看看，他们都是残而不废的革命战士！所以，荣校伤残战士的身影及他们的非凡经历，他们对我的影响，早早就烙在我幼小的心灵里。他们给我吃的是一口奶水、一口饭菜，而长起来的却是一颗战士苗苗。

荣校虽然搬迁到下寺湾，但驻地却分散在周边的闫家沟、刘峁沟、田家沟、下寺湾镇、下寺湾村等地方。路不但远而且都不是正经路，沟沟峁峁特别难走。将近千人的大人娃娃、轻重伤员的吃喝拉撒睡、卫生治疗、生产劳动都不在一块……父亲这个管理科长、生产科长，因为荣校干部奇缺，他硬是靠一双拐走遍了一家家、一户户。父亲说，是战士的革命使命、责任、精神，支撑和鼓舞了他。

父亲啊，这就是你啊！自己无论有过多少艰难、忍受过多少伤痛、流淌过多少汗水、磨破过多少次挂拐的腋窝、磨破过多少只鞋、用坏过多少副拐，从不对任何人甚至包括不对我母亲讲起。为此，母亲虽然心疼过，流过泪。但是她非常理解父亲这个坚强的战士。

几十年后，当我——他们的女儿，第一次在延安革命纪念馆的劳模光荣榜上看到当选 1945 年陕甘宁边区荣军代表劳动模范"何炳文"三个字时，忍不住泪流满面、泣不成声，心中充满了对父亲和荣校所有伤残老战士的无限感动和敬仰之情！

在 1947 年延安保卫战转战陕北的两千里行军中，由于父母的决定，使我这个不足 6 岁的娃娃，在转战陕北、东渡黄河，从晋冀鲁豫边区到达晋察冀边区河北武安的千里行军路上，有了一段独特的经历。使小小的我懂得了什么是"战士"和"战事"。我这个随行的娃娃小兵曾经掉到黄河，父母为保护文件先救毛驴后救差点被淹死的我；过了黄河夜行军，因找不到路，被民工扔在山坡上差点被狼吃掉；到山西三桥立刻被送到当地儿童团站岗放哨查路条；还跟着妇救会到各户收军鞋；参加斗地主；参加打扫战场帮助收武器；在冶陶整风吐苦水运动中，帮助起义投诚的国民党兵写发言……这一切，都成为我人生最为宝贵的财富。成为我也是不可磨灭的战士情结！

父亲率领的这支特殊队伍虽然只有五六十人，但都是带着伤残的身体。当时他们本可以化装成老百姓隐蔽起来，也可以被组织寄托在可靠的老乡家里。但是他们没有这样做！他们硬是排除千难万险按照毛主席亲自部署和领导的战略转移，于 1948 年 3 月，经历一年多打仗转移行军，胜利完成了不可能完成的任务到达晋察冀边区。又立即投入晋冀鲁豫炮兵旅供给处的组建，以及解放山西临汾、晋中、太原的三大战役中。父亲又用他的残疾之躯、钢铁意志，克服了常人难以克服的困难，亲赴内蒙古买拉炮的马，亲自组建马号，亲自训练国民党起义投诚士兵驭手，亲临每一个炮点，亲自查看每个民工和撤离伤员的支前点……创造了炮兵、步兵联合作战地后勤供给的好经验，受到前指首长的表扬与奖励。从而又创造了战场上没有残疾人的奇迹！

在两年多的解放战争的炮火中，马号成了我和家属大队孩子们的家。战士叔叔们，又给了我们别样的教育与影响。说我们是战士的后代绝对不为过。

父亲的一生只有短短 50 年。因在党的隐蔽战线秘密工作经历，在延安虽是红军战士、共产党员，但不能公开 17 路军的身份；自己虽因"劳山事件"保护周副主席负伤致残，又有战士必须坚守的秘密，"文化大革命"也未逃噩运。1968 年 7 月 9 日被单位造反派迫害致死。但他仍表现出一个共产党员、一个革命老战士坚定的信仰与革命风骨。即使在那种情况下，他仍然坚定地相信党、相信毛主席、相信人民的军队。在给部队当兵的弟弟的每一封信，都深刻表达了他这种坚定的信念与忠诚。所以，父亲是名副其实的共和国老战士！

母亲一生最为令人感动至深也是对我们教育和影响最大的，是她几十年都在践行和自觉宣传长征精神，对我们进行热爱党、忠于人民、不辱战士称谓的教育。一生都在基层实实在在地为群众做好事。她对我们的要求是：战士是人民最忠实的老黄牛，一辈子拉车做活。永远不脱离群众，为人民做好事儿不做坏事。

1956 年响应国务院中央支援地方的号召，母亲就以她刚刚 37 岁的年龄，在父亲的支持下，就是本着这种想法主动申请退休。为不增加组织负担与压力，从她工作的交通部带着党组织介绍信和每个月 56 元退休费，直接退休到户籍所在地：北京市东城区交道口街道办事处。勤勤恳恳、兢兢业业、踏踏实实在街道居委会干了 23 年。这 23 年她没有领过街道一分钱，没有请过一天假。因为她要求自己这个党员、老红军战士无论在什么地方，都要一个样地为人民群众服务。

1978 年十一届三中全会闭幕后，中组部批准母亲重回交通部。母亲满怀深情地告别居委会和朝夕相处的老姐妹们，坦然地回到交通部。组织先是将她的退休改成了离休，又安排她在政治部老干部局政治组担任专职党支部书记，七年后的 1985 年，67 岁时正式退休回家。至于她是什么工资待遇，一句都没有问过。母亲一贯以没有谁是为待遇、工资参加革命的思想要求自己。以后当知道她在街道工作 23 年不算工龄时，她淡然地对组织和记者说："算不算工龄不重要，不是个事儿。关键是我一切听从组织安排，没有偷过一天懒，没有请过一天假。老老实实为居民群众服务 23 年。拿多少钱都一样实实在在为群众服务。不偷懒、不耍滑、不耍奸!"母亲是这样说也是这样做的。交道口地区的居民群众、办事处干部，都学习她这老红军战士的 56 块钱精神! 她自己则认为：做好自己应该做的工作让群众满意，才是毛主席的好战士。

上下来去几十年，母亲从没有过任何牢骚、怨言，没有讲过任何条件和任何多余的话。她对自己的一切都很知足。只是在给她调换住房的事上，她表示还愿意住在她生活了 50 多年的老院儿。房子旧了些，但因为住久了有感情。主要的还是母亲与居委会所辖的这些胡同与居民群众，有着几十年无法割舍的情缘。就连中央电视台拍摄大型文献纪录片《永远的红军》中，为母亲拍摄的单集片也专门定名《胡同里的红军奶奶》。我理解，这就是母亲这个老战士的群众情怀!

这本纪念册，让我们看到一对老战士，平凡而又不平凡的人生经历；看到一对老战士，平凡而又不平凡的思想品质；看到一对老战士，一生平凡而又不平凡的家国情怀。所以这本名为《永不磨灭的记忆——向共和国老战士致敬》的纪念册，在纪念中国人民解放军八一建军节 91 周年之际出版发行，敬献给我父母百年诞辰，同时也敬献给所有革命老战士前辈，以表后代们深深的敬仰、感念与感恩之心。

可以告慰父母和战士老前辈们的是，您们用鲜血和生命铸就的战士精神经过战争的洗礼，已经成为我们家风的灵魂。这家风不但成就了我们的人生，也延续到我们的子女后代。他们已经感悟到"家风"绝不是一句话、一个定义可以表明的。它是一种精神、一种情怀、一种信仰、一种境界，是应该永远传承的。

　　这就是革命战士前辈留给我们最为宝贵的精神财富。我们必须牢牢铭刻于心，传承于后。我们必须做个向父辈那样的好后代、好战士。在实现伟大的中国梦、实现伟大民族复兴的新征程上，砥砺前行，不辜负"战士"这个神圣的称谓！

　　我永远牢牢记得，在母亲做的无数场讲长征经历的报告开始时，她总是喜欢敬着军礼走上讲台，大声而自豪地介绍：我是老战士蒲文清！我们，后代们，将永怀敬畏和感恩之心，向革命老战士致敬！

老战士何炳文、蒲文清之女、延安娃　何丽

2018 年 6 月 26 日

感谢的话

　　我自 1979 年第一次赴延安踏上寻史之路，至今整整 40 年。这 40 年一路走来，虽然从中年走到 77 岁的小老太太，但一直痴心不变坚持下来。对于经历过的种种艰难困苦都不重要，关键是我基本完成了内心的承诺——追寻"延安荣誉军人学校"的历史，寻找在延安甘泉县的遗址，恢复"荣校"的历史地位。更意想不到的是，我多年来笔耕不辍，用心书写了百万字有关红色记忆的回忆文章，并已成书《不灭的延安灯火》《拭去尘埃的岁月——我的父亲何炳文》《我的红军母亲——蒲文清》，和即将出版的《永不磨灭的记忆——向共和国老战士致敬》，感觉自己思想、灵魂也得到了洗礼与升华。对于"后代"这一称谓，有了更深刻的认识与体会。我能有这样的收获与提升，是社会上方方面面及诸多朋友给了我极大的支持、鼓励与帮助，这些点点滴滴给我的生命与事业注入了强心剂和动力。

　　所以，这本纪念册作为纪念共和国 70 周年诞辰的献礼，作为向共和国老战士、向我百年诞辰的老战士父母致敬、感恩的同时，向中央电视台《焦点访谈》栏目，中央电视台《永远的红军》摄制组，中国妇女儿童博物馆，中国延安干部学院，中国红色文化研究院，北京电视台《晚情》栏目，大型文献纪录片《延安延安》摄制组，陕西省电视台新闻中心，陕西省教育电视台，延安市文化文物局，延安革命纪念馆，延安新闻纪念馆，延安市革命遗址老区保护基金会，延安市甘泉县文化文物局，西安市八路军办事处纪念馆，西安事变暨 17 路军军史研究会，习水中国女红军纪念馆，四川巴中川陕红军将帅碑林，《中国日报》《中国人口报》，中国民主法制出版社，研究出版社，中国红色旅游网，光明日报光明网，陕西华阴荣誉军人康复医院等，以及许许多多的友人，一并在这里表示谢意、敬意、感恩。这份沉甸甸的情分永远牢记于心，并用以鞭策自己这小小的蜡烛头永远对社会有用。

延安娃　何丽

2018 年 12 月 20 日